新装開店！

あみあみレストラン

ほし☆みつき

JN020941

文化出版局

ようこそ、『新装開店！ あみあみレストラン』へ。

当レストランのメニューは、ひとつひとつ丁寧にかぎ針で編まれております。
2011年より営業、惜しまれつつ閉店した『あみあみレストラン』のメニューを中心に
新しいメニューを加えて、リニューアルオープンいたしました。

新設のあみあみベーカリーコーナーでは、
あんパン、カレーパン、チョココロネ、メロンパンなどの昔ながらのものから、
ドーナツ、ピザ、ホットドッグなどアメリカンスタイルのものまで、
かわいらしいパンたちをとりそろえました。
純喫茶コーナーでは、オムライスやクリームソーダ、
プリン・ア・ラ・モードなど昭和レトロなメニューを加えました。
また、大人のお客さまのために、餃子とビールのちょい飲みセットをはじめました。

創業時から人気のラーメン、寿司、天丼、鍋焼きうどん、プリンやケーキなどは、
素材を見直し、ブラッシュアップしております。

当レストランの技をご家庭でも再現していただけるよう、
チーズバーガーの編み方をプロセス写真で解説しております。
自慢のレシピでございますので、はじめてのかたはぜひこちらからご堪能ください。

それでは、ごゆっくりお楽しみください。

ほし☆みつき

MENU

本書は、2011年発行『あみあみレストラン』に掲載した作品を
一部改変して再製作し、新たな作品を加え、再編集した増補改訂新装版です。

ラーメン

昔懐かしの味をイメージしたシンプルな具材のラーメンは、刺繍入りの丼も自慢。ちぢれ麺にしたい場合は、一度編んでほどいたものを使うといいでしょう。

作り方★p.50

餃子とビールのちょい飲みセット

おつかれさまの一杯に、夕方5時からのお得なメニューをご用意しました。
きめ細かい手芸わたの泡が自慢の生ビール、焼き餃子、枝豆の3点セットです。

作り方　p.52

寿司

まぐろ、大トロ、うに、イクラなど、江戸前の人気のネタが勢ぞろいの一人前。
このほか、お好みで一貫からお作りいたします。

作り方　p.54

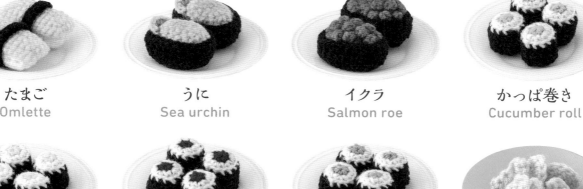

まぐろ
Tuna

大トロ
Fatty tuna

いか
Squid

えび
Shrimp

サーモン
Salmon

たこ
Octopus

帆立
Scallop

穴子
Sea eel

たまご
Omlette

うに
Sea urchin

イクラ
Salmon roe

かっぱ巻き
Cucumber roll

たくあん巻き
Pickled radish roll

鉄火巻き
Tuna roll

かんぴょう巻き
Dried ground roll

ガリ
Pickled ginger

天丼

大きなえび天が２本のった天丼は、器もごはんも、すべて手編みです。
揚げたての天ぷらのさくさく衣は、鎖編みで表現しました。

作り方 ★ p.57

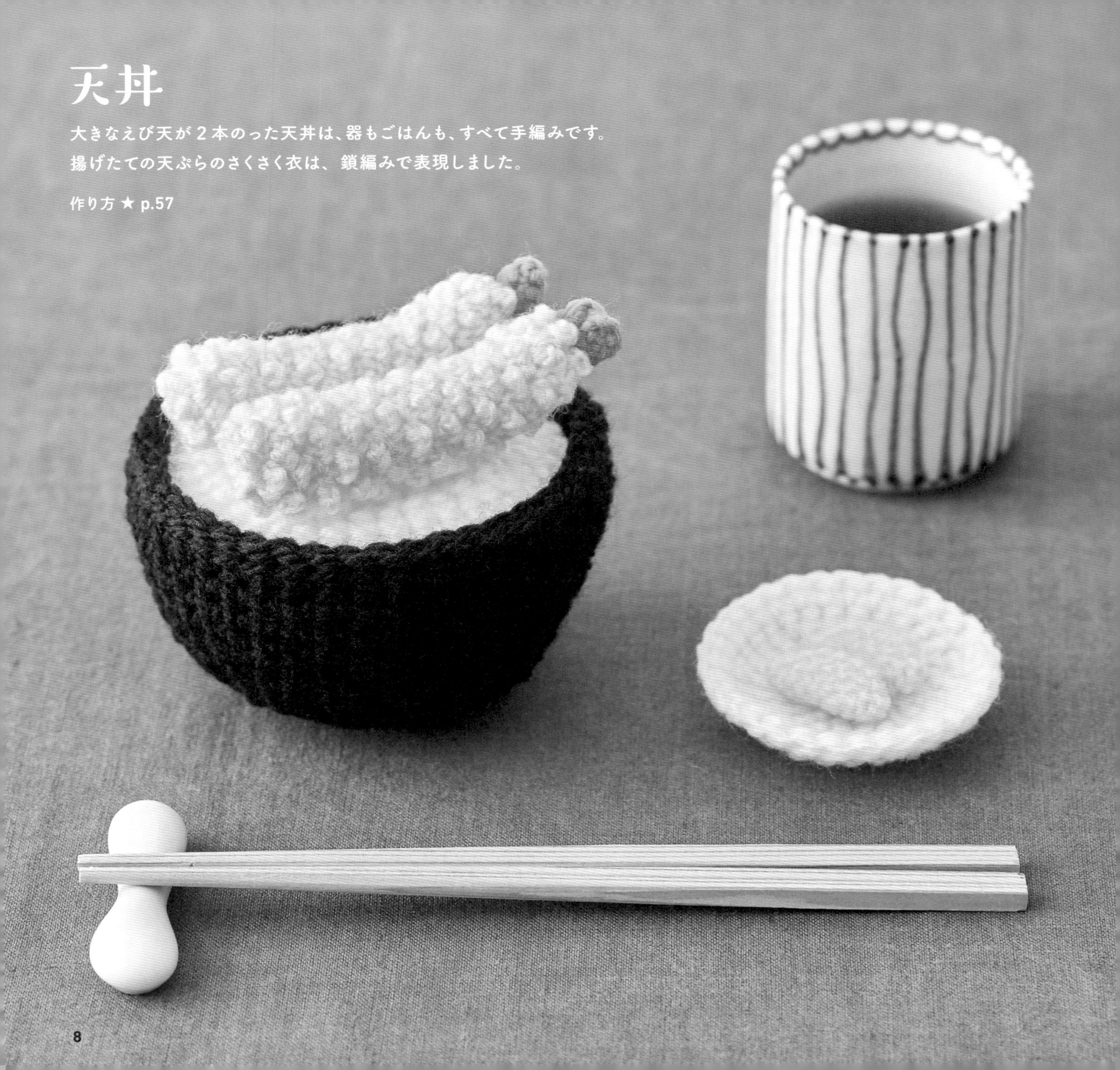

お米の一粒一粒が立ったふっくら細編みのおにぎり。
お米も海苔も具材も、すべて国産の糸を使用しています。

作り方　p.58

とんかつ

こんがりときつね色に揚げたとんかつを実物大で。
つけ合せはもちろん、千切りキャベツとカットレモン、和がらしで決まりです。

作り方　p.60

おでん

ぐつぐつ煮込んで味の染みたおでんは、冬季限定メニュー。
豊富な品ぞろえの中から、お好きなおでん種をお選びください。

作り方 ★ p.83

昆布

Kelp

鶏つくね

Chicken meatball

からしつき

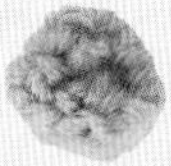

With mustard

はんぺん

Soft fish cake

つみれ

Minced sardine ball

もち入り巾着

Mochi purse

たまご

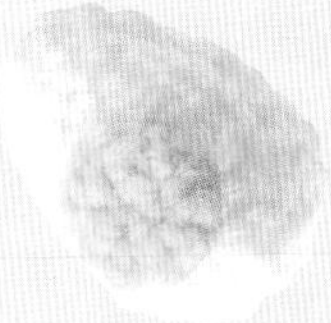

Boiled egg

厚揚げ

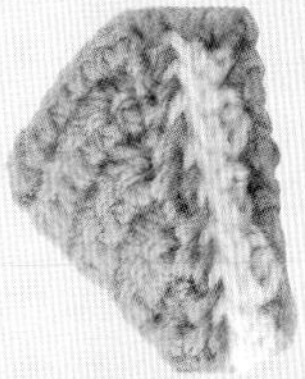

Fried Tofu

ソーセージ

Sausage

こんにゃく

Konjac

がんもどき

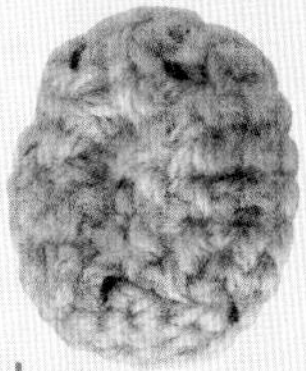

Fried Tofu with chopped vegetables

ごぼう巻き

Burdock roll fish cake

大根

Daikon radish

白滝

Konjac noodles

ロールキャベツ

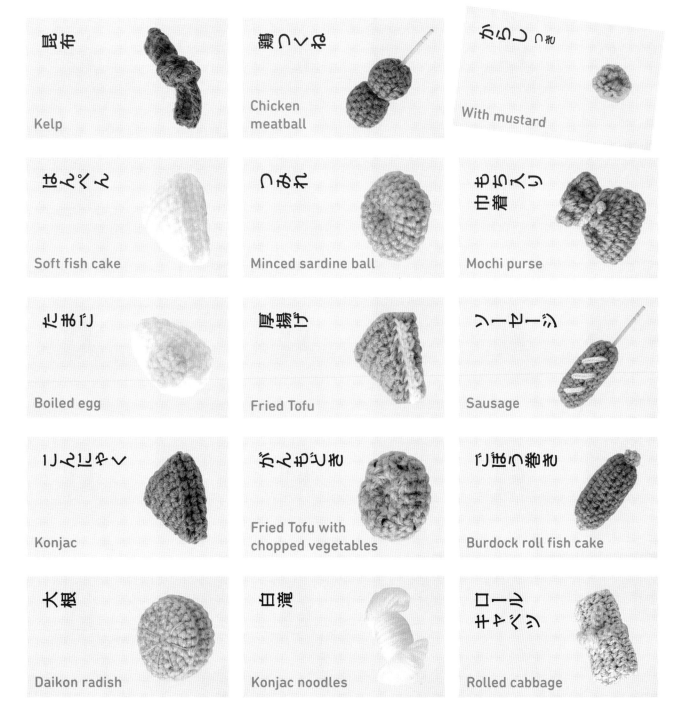

Rolled cabbage

鍋焼きうどん

心までほっこり温まる、具だくさんの鍋焼きうどん。
1本ずつ編み上げた、太打ちの田舎風うどんをお楽しみください。

作り方　p.62

目玉焼きハンバーグ

ジュウジュウと音が聞こえてきそうな鉄板焼きのハンバーグ。
温野菜とフライドポテトを添え、手編みのカトラリーとともにサーブして。

作り方　p.64

ボリューム満点！

チーズハンバーグ&えびフライプレート

熱々ハンバーグにとろけるチーズ、
えびフライを盛り合わせたよくばりな一皿。

作り方　p.64

さっぱりヘルシー！

おろしハンバーグプレート

手芸わたの大根おろしをたっぷり添えて。
サイドディッシュも和風にアレンジ。

作り方　p.64

昼定食

お品書き

メイン

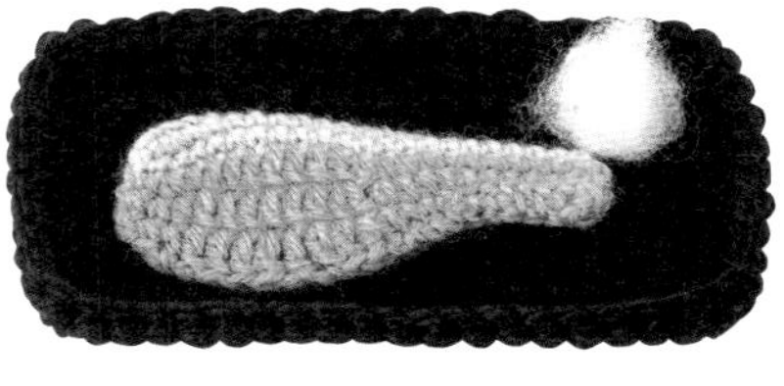

鮭の塩焼き

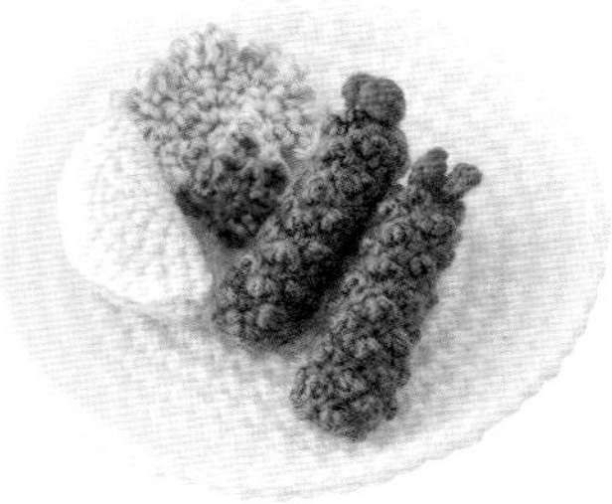

えびフライ

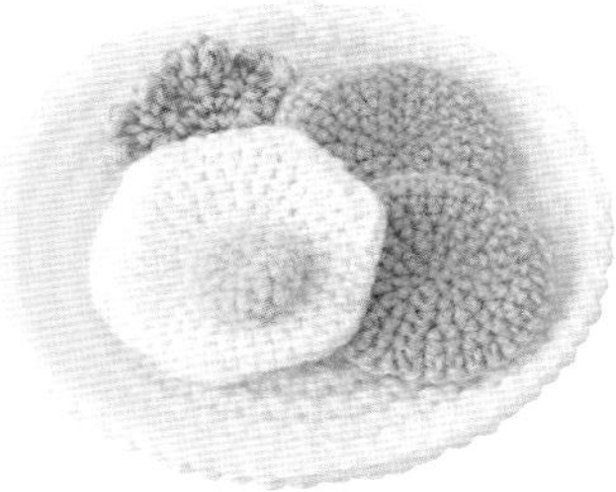

ハムエッグ

小鉢

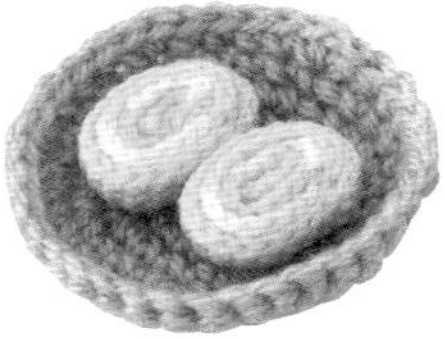

厚焼きたまご

ひじきの煮つけ

野菜の煮物

ごはん普通盛り

ごはん大盛り

みそ汁

お新香

日替わり定食は、お品書きよりメイン1品、小鉢２品をお選びください。
本日のお魚は、鮭の塩焼きです。ごはん大盛り無料です。

作り方　p.68

★お子さまランチ★

ハンバーグ、えびフライ、チキンライス、
プリン・ア・ラ・モードなど、オールスターを盛り合わせた一皿。
憧れのオープンカーのプレートでめしあがれ。

作り方　p.72

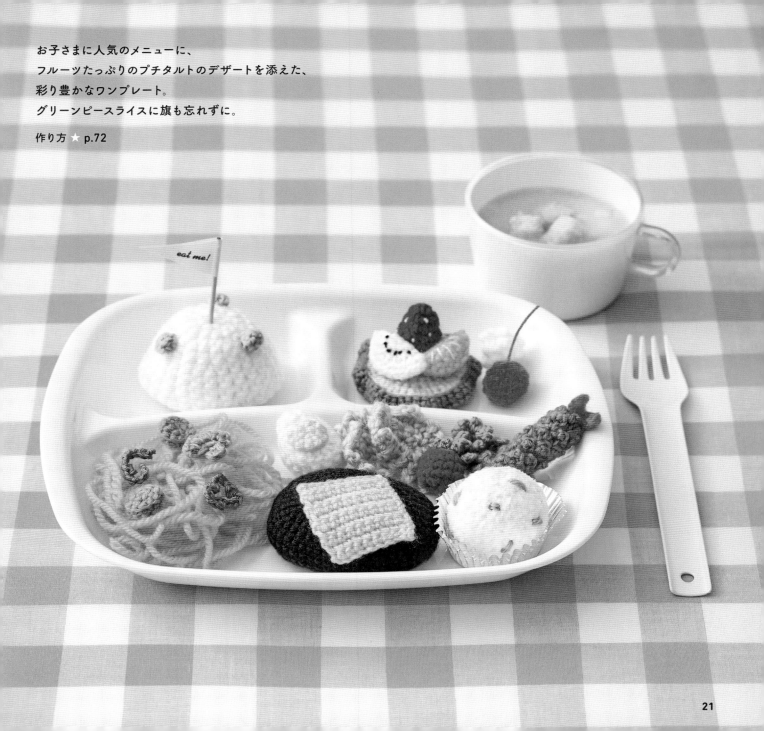

お子さまに人気のメニューに、
フルーツたっぷりのプチタルトのデザートを添えた、
彩り豊かなワンプレート。
グリーンピースライスに旗も忘れずに。

作り方 ★ p.72

和風弁当

おふくろの味をイメージした、定番おかずの日の丸弁当。
野菜たっぷりで栄養バランス満点のお弁当です。

作り方　p.74

洋風弁当

人気のおかずを集めたボリューム満点のハンバーグ弁当。
ポテトサラダとごま塩ごはんは、刺繍で仕上げています。

作り方　p.74

パン

子どものころを思い出すような素朴なパンを集めました。
ふわふわパンをトレーにたくさん並べれば、幸せな気分に。

作り方　p.76

Bakery Menu

コロッケサンド

ナポリタンサンド

エッグサンド

えびサラダサンド

BLTサンド

フルーツサンド

クロワッサン

カレーパン

クリームコロネ

チョココロネ

メロンパン

あんパン

くまパン

ピザ

直径26cmのMサイズ相当のピザを6ピースにカットしました。
ふたつの味を3ピースずつ作れば、ハーフ&ハーフに。

作り方★p.80

人気No.1!

アメリカン ミックス

ソース：トマトソース&チーズ
トッピング：
ソーセージ・トマト・
ピーマン・ブラックオリーブ

地中海の風を感じて

シーフード スペシャル

ソース：バジルソース
トッピング：えび・いか・
マッシュルーム・ブラックオリーブ

イタリアのマンマの味

マルゲリータ

ソース：トマトソース
トッピング：
モッツァレラチーズ・バジル

ダブルチーズバーガーセット

ごまつきバンズにビーフパテとチーズを２枚ずつと
レタスをはさんだ人気 No.1 バーガー。
セットにポテトはいかがですか？

Double cheese burger set

Make your choice!

組合せ自由にオリジナルハンバーガーを作ってみましょう。　作り方　p.42,49

トマトチーズバーガー
Tomato cheese burger

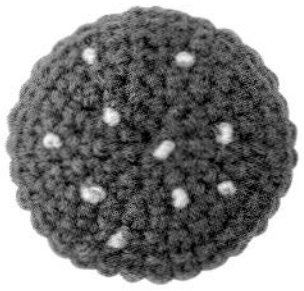

ごまつきバンズ
Buns

ビーフパテ
Beef patty

チーズ
Cheese

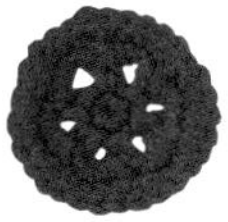

トマト
Tomato

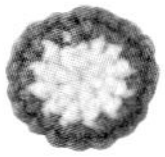

ピクルス
Pickles

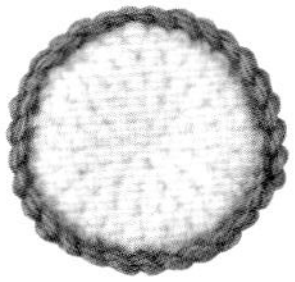

バンズ
Buns

ベーコンエッグバーガー
Bacon egg burger

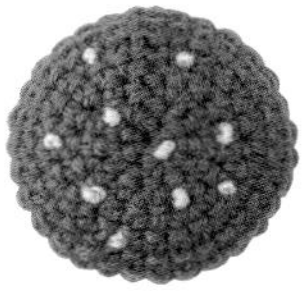

ごまつきバンズ
Buns

ビーフパテ
Beef patty

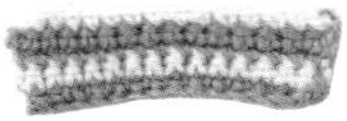

ベーコン
Bacon

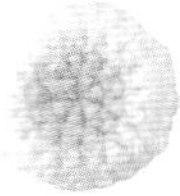

たまご
Egg

レタス
Lettuce

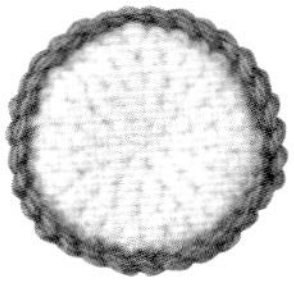

バンズ
Buns

フィッシュバーガー
Fish burger

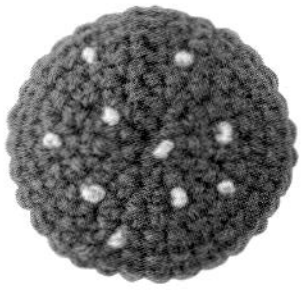

ごまつきバンズ
Buns

フィッシュパテ
Fish patty

レタス
Lettuce

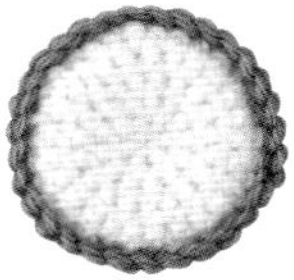

バンズ
Buns

フライドポテト
French fries

ホットドッグ

本場アメリカのシンプルなホットドッグがお手本。
マスタードとケチャップは鎖編みをジグザグにとめつけました。

作り方　**p.86**

Hot dog

Doughnuts

チョコスプレー
Chocolate spray

抹茶
Maccha

レモン
Lemon

ホワイトチョコ＆
ストロベリー
White chocolate &
strawberry

ラズベリー
Raspberry

プレーン
Plain

ドーナツ

とろけるような柔らか食感のドーナツに、
いろいろな味をコーティング。
色違いで、オリジナルフレーバーを楽しんで。

作り方 ★ p.81

オムライス

焼いたたまご生地で包むタイプのオムライス。
ケチャップライスの代わりに、
たっぷりの手芸わたを詰めます。

作り方　p.87

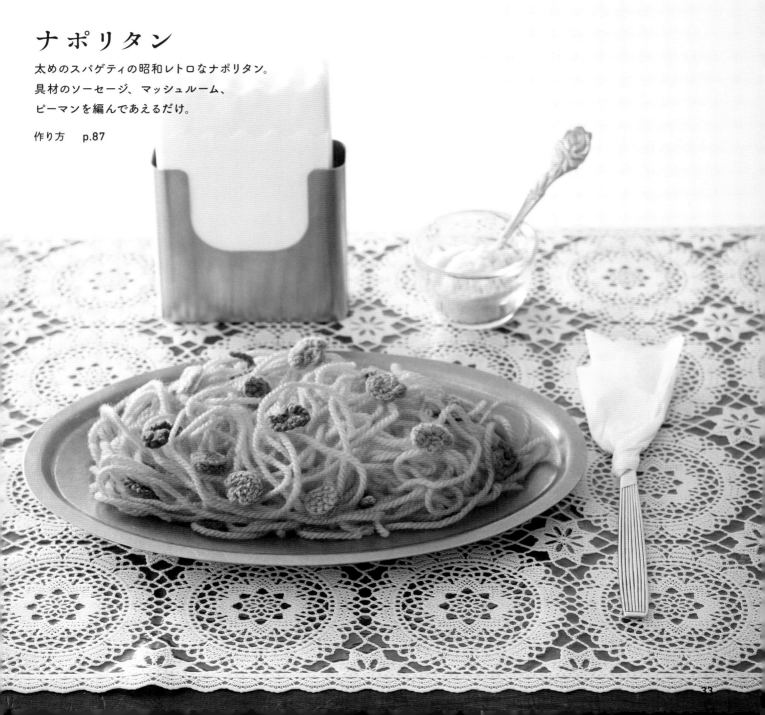

ナポリタン

太めのスパゲティの昭和レトロなナポリタン。
具材のソーセージ、マッシュルーム、
ピーマンを編んであえるだけ。

作り方　p.87

ホットケーキ

絵本に出てきそうな、分厚くてふわふわのホットケーキ。
2枚重ねに四角いバターを乗せるのがお決まりです。

作り方 ★ p.88

クリームソーダ

こだわりの足つきグラスに注ぎ入れたクリームソーダ。
定番のメロン、いちご、ブルーハワイ、3つの味をご用意しました。

作り方　p.89

プリン

きれいなたまご色とビターなカラメル色の正統派プリン。
形のしっかりした固めのプリンを目指して、レシピを改良しました。

作り方 ★ p.90

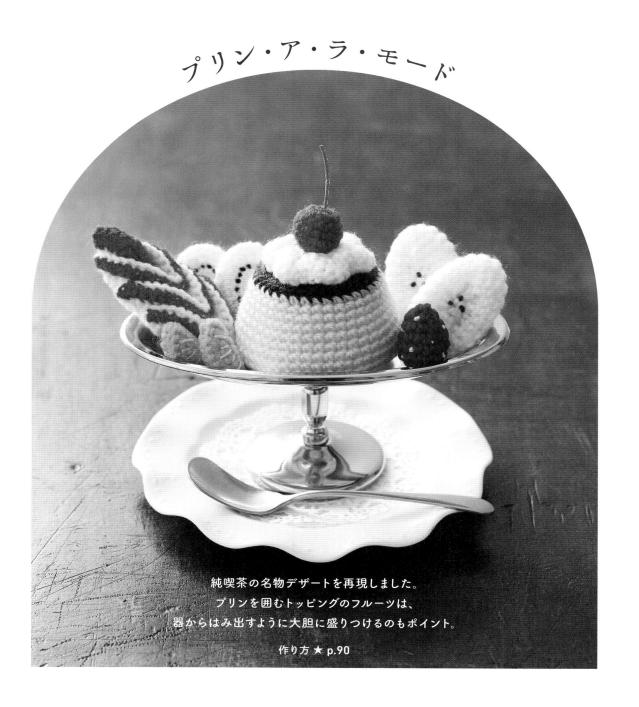

プリン・ア・ラ・モード

純喫茶の名物デザートを再現しました。
プリンを囲むトッピングのフルーツは、
器からはみ出すように大胆に盛りつけるのもポイント。

作り方★p.90

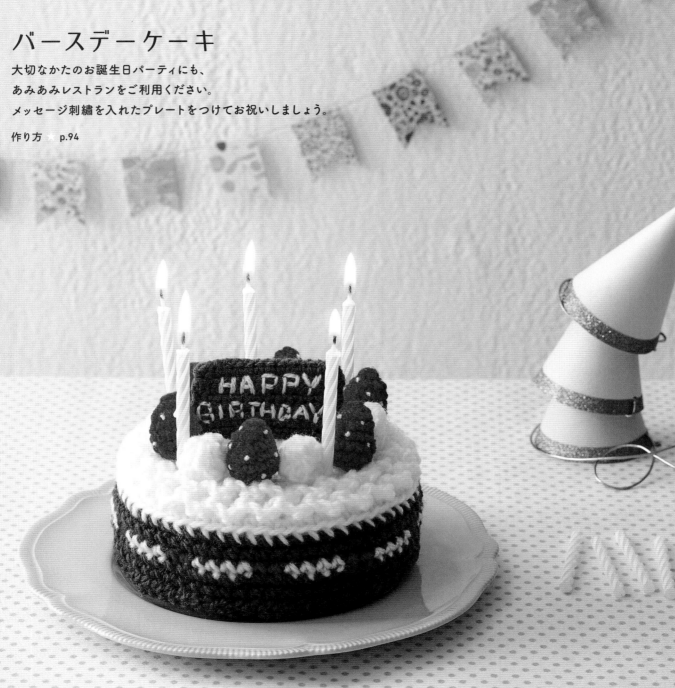

バースデーケーキ

大切なかたのお誕生日パーティにも、
あみあみレストランをご利用ください。
メッセージ刺繍を入れたプレートをつけてお祝いしましょう。

作り方 ★ p.94

いちごのデコレーションケーキ

スポンジ生地にたっぷりの生クリームといちごでデコレーションしました。
太番手の糸なのでホールケーキもすいすい編めます。

作り方 p.94

プチタルト＆プチケーキ

ホイップクリームやフルーツはばらばらに編んでいます。
トッピングを自由にデコレーションしてオリジナルをお楽しみください。

作り方　p.92

チーズバーガーを編んでみましょう

写真　p.28,29

糸（使用量はすべて少量）
ハマナカ ピッコロ
〔**ビーフパテ**〕こげ茶（17）
〔**バンズ**〕茶色（21）、オフホワイト（2）、ペールオレンジ（45）
〔**チーズ**〕黄色（42）
〔**ピクルス**〕薄緑（56）、モスグリーン（32）
〔**ポテトケース**〕赤（6）
〔**フライドポテト**〕クリーム色（41）
用具　4/0号かぎ針
その他
〔**バンズ**〕手芸わた

ビーフパテ こげ茶（1枚）

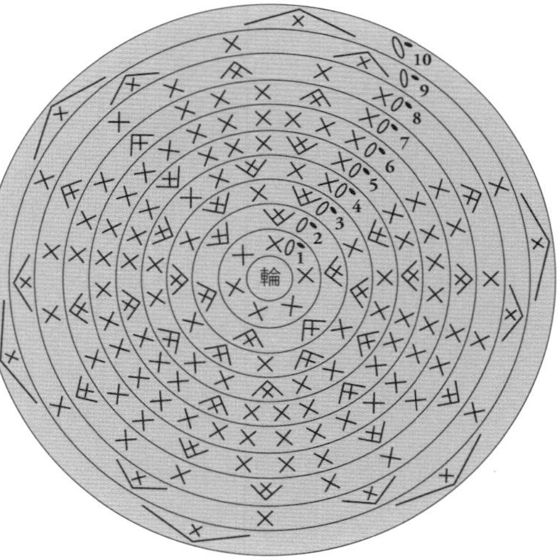

＊編み地の裏側を表にする
＊編終りはわたを入れずに最終段の目の頭に糸を通して絞ってとめる

段	目数
10	6（−6）
9	12（−6）
8	18（−6）
7	24（−6）
6	30
5	30（+6）
4	24（+6）
3	18（+6）
2	12（+6）
1	6

チーズ 黄色（1枚）

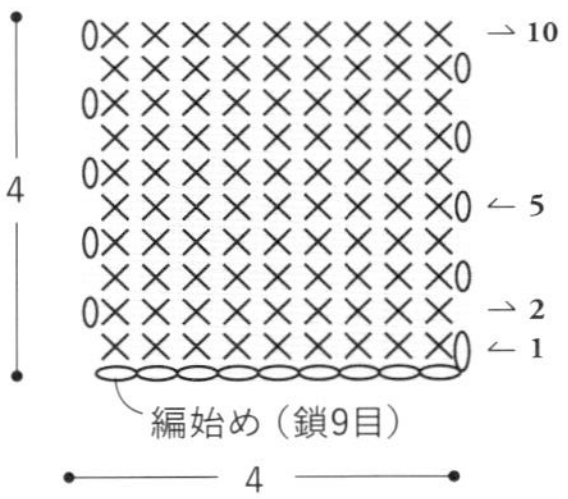

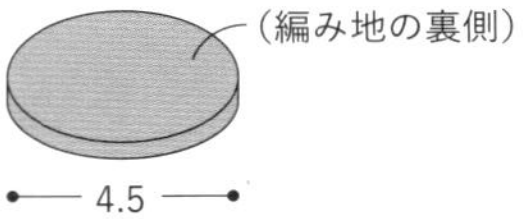

ピクルス（1枚）

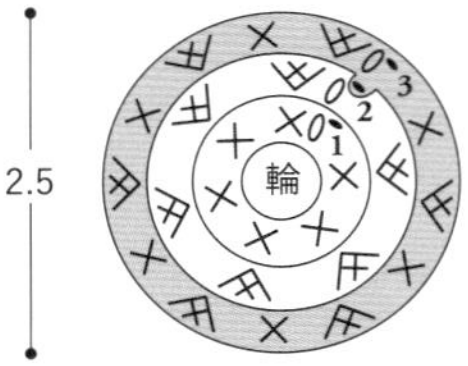

段	目数
3	18（+6）
2	12（+6）
1	6

□は薄緑
■はモスグリーン

ここでは、わかりやすいように太い針と糸（6/0号かぎ針、ハマナカ ラブボニー）に替えて編んでいます。

ビーフパテを編む　編み図→p.42

輪の作り目

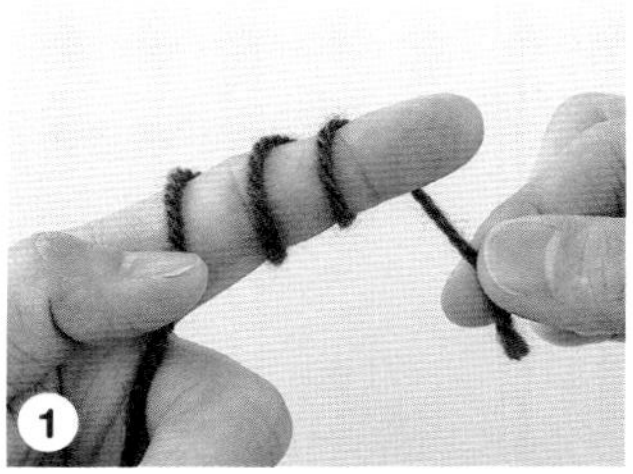

糸を人さし指に2回巻きつけ、2重の輪を作る。

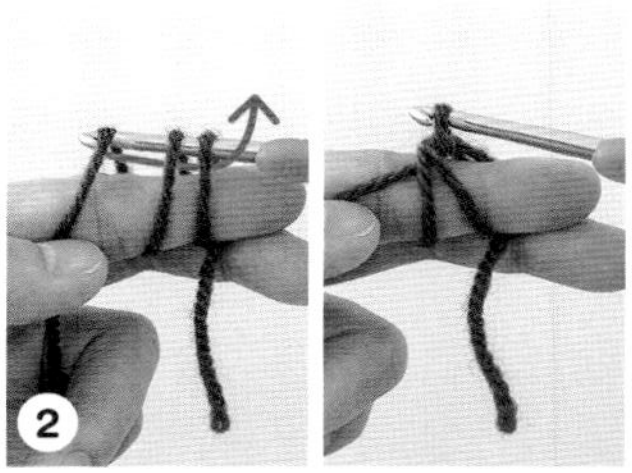

糸端を人さし指と中指ではさみ、輪の中に針を入れ、いちばん奥の糸をかけて引き出す。

○ 立上りの鎖編み

針に糸をかけて引き抜く。

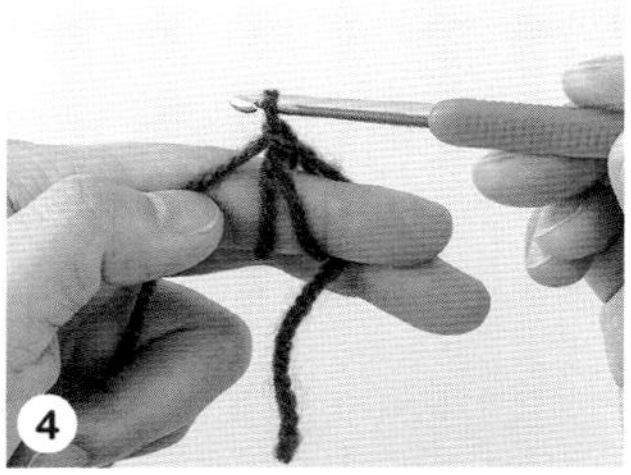

立上りの鎖1目が編めた。

✕ 細編み

輪を指からはずし2本の輪を中指と親指でつまんで、人さし指に糸をかける。輪の中に針を入れる。

糸をかけて引き出す。

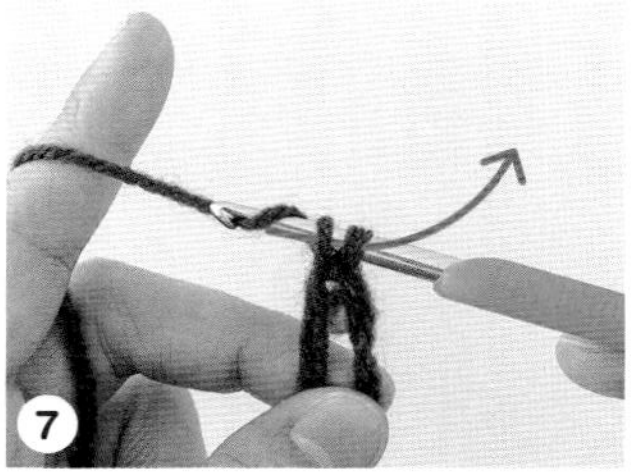

さらに針に糸をかけ、2つのループを一度に引き抜く。

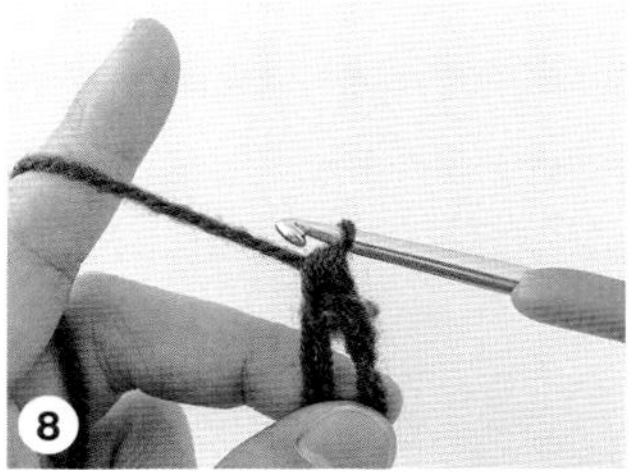

細編み1目が編めた。

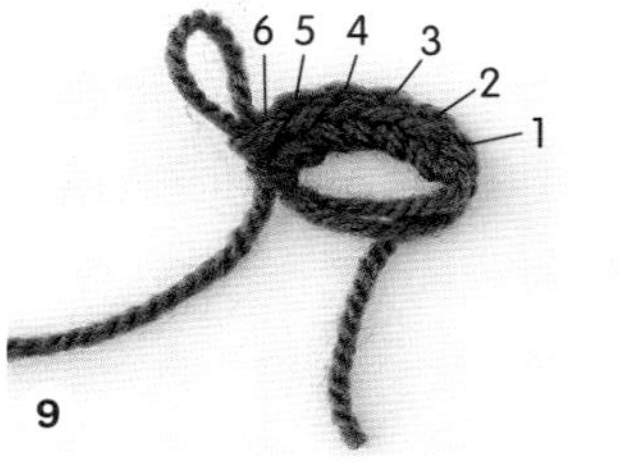

同様に、細編みを6目編み入れる。針にかかっていた目を大きく広げ、いったん針をはずす。

糸端を少し引くと、輪のうちの1つが小さくなるので、その輪をつまんで引いて、もう一方の輪を小さくする。

さらに糸端を引いて、10でつまんだほうの輪を引き締める。

はずした目に針を戻す。1目めの細編みの頭の目に段目リングを入れる。

引き抜き編み

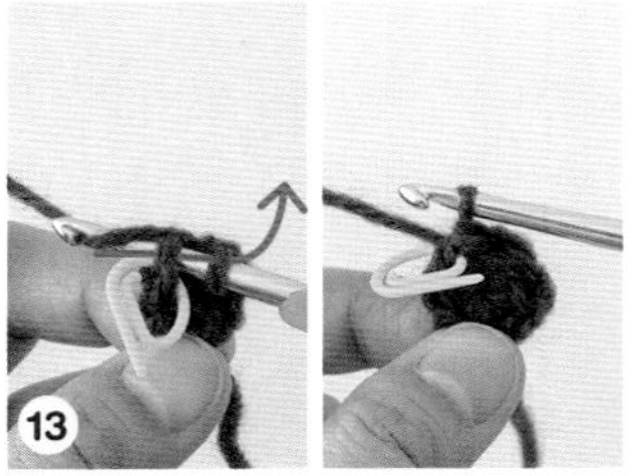

1目めの細編みの頭(段目リングの目)に針を入れ、糸をかけて2つのループを一度に引き抜く。1段めが終わったところ。

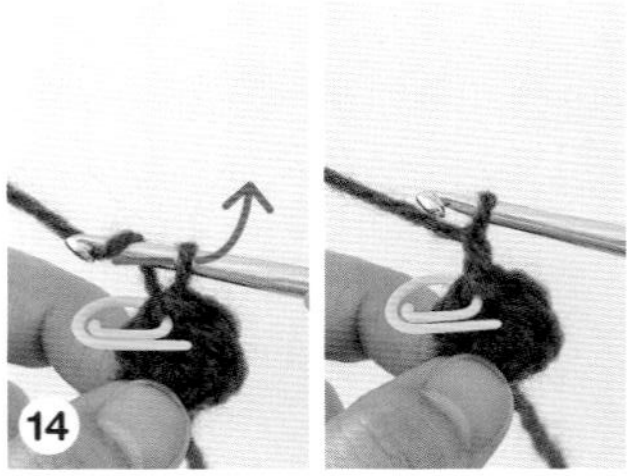

2段め。立上りの鎖1目を編む。

細編み2目編み入れる

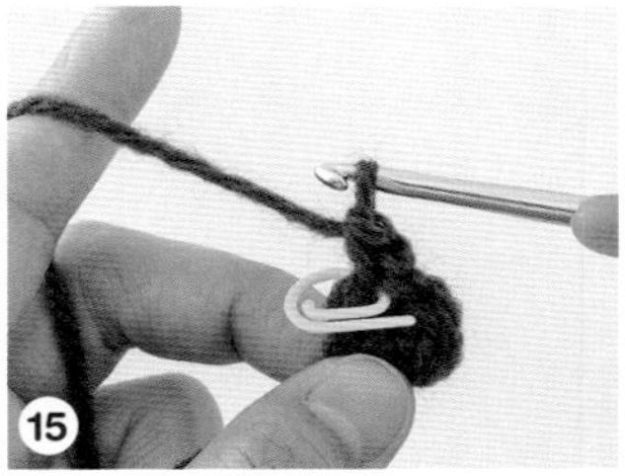

前段の細編みの頭(段目リングの目)に細編みを1目編む。

同じ目に細編みを編む。1目増えた。1目めの頭に段目リングを移す。以降、リングを常に1目めに入れておくと数えやすい。

同様にすべての目を「細編み2目編み入れる」で増しながら、2段めを編む。12目あることを確認する。

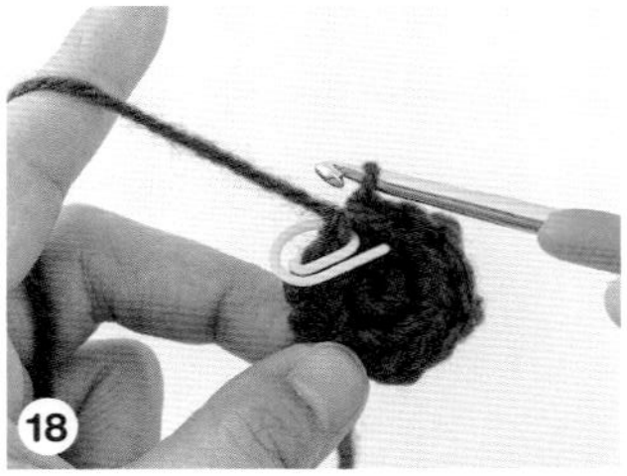

1目めの細編みの頭に引き抜く。2段めが終わったところ。

編み図を参照し、5段めまでは同じ要領で増しながら、6段めは増減なく輪に編む。

細編み2目一度

7段め。立上りの鎖1目を編み、細編みを1目編む。

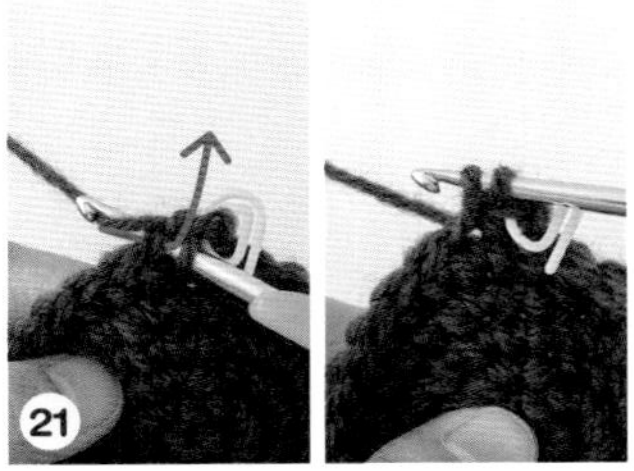

次の目に細編みと同様に糸を引き出す(＝未完成の細編み)。

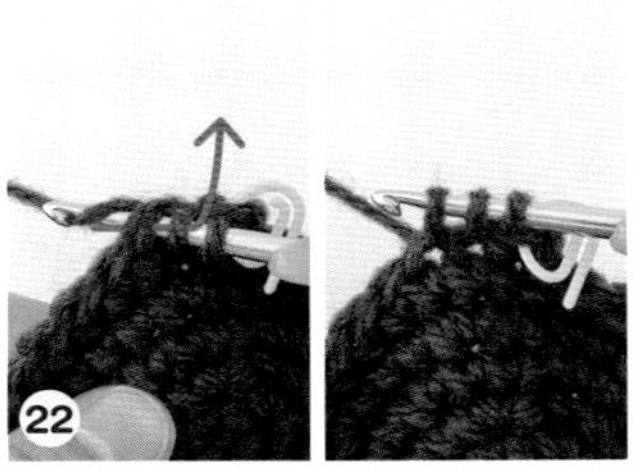

続けて次の目も細編みと同様に糸を引き出す(＝未完成の細編み)。

さらに針に糸をかけて3つのループを一度に引き抜く。

2目が1目に減った。

25

編み図を参照し、減らしながら編む。編み地の裏側を表にするので、途中でひっくり返し、内側を見ながら続けて編む。

26

10段めまで輪に編み、1目めに引き抜く。糸端を約20cm残して切り、針にかかっている糸をそのまま引き出す。

27

とじ針に糸端を通し、最終段の目の頭に針を通していく。

28

糸端を引き絞り、残った糸を編み地にくぐらせて完成。

バンズを編む　編み図→p.48

✕ 細編みの筋編み

1

バンズの外側（下）の編み図とp.43の 1 ～18 を参照し、細編みで5段めまで編む。6段めは立上りの鎖1目を編み、向う側の1本のみをすくう。

2

細編みと同様に編む。細編みの筋編みが編めたところ。

3

手前側の1本が残り、筋状になる。

4

7段めを細編みで編み、1目めに引き抜く。バンズの外側（下）の完成。編み地の裏側を表にするので、ひっくり返しておく。

仕上げ

5

バンズの外側（下）は糸始末をして手芸わたを入れ、バンズの切り口側は編終りの糸端を約20cm残しておく。

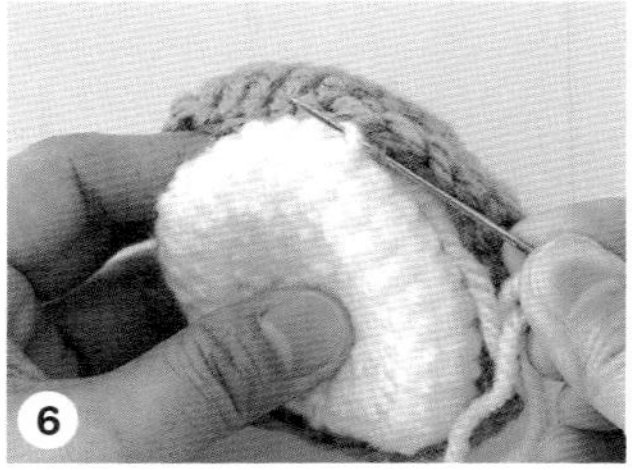
6

バンズの外側の中に切り口側を入れ、バンズの外側の最終段の頭の目を残しながら巻きかがりではぎ合わせる。

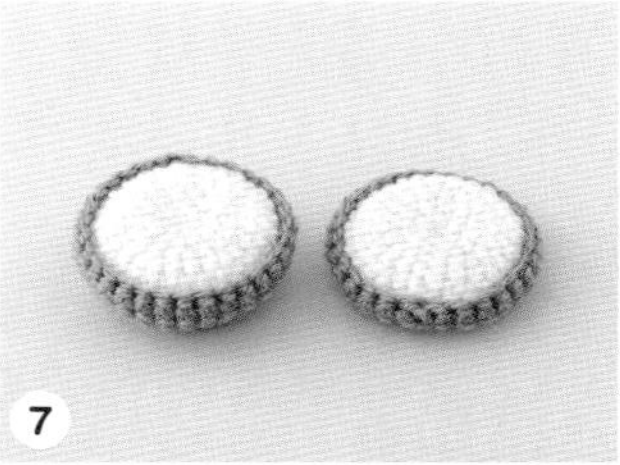
7

バンズの外側（上）と切り口側も同様に編んで巻きかがりではぎ合わせる。

8

好きな位置にごまを散らす。ペールオレンジの糸をとじ針に通して玉結びをし、切り口側から針を入れる。フレンチノット・ステッチをする。

チーズを編む　編み図→p.42

鎖の作り目から目を拾う

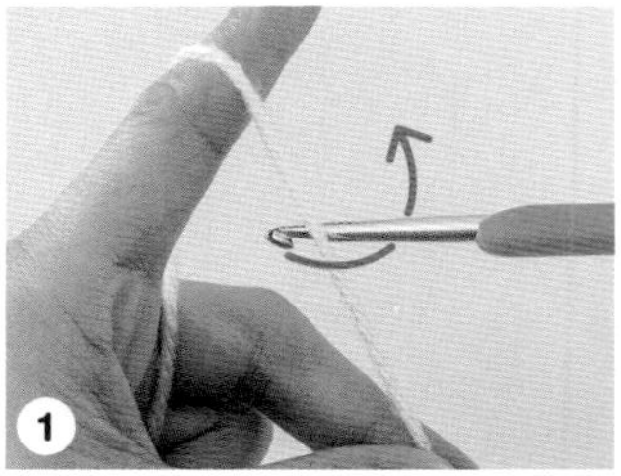

糸端を中指と親指でつまんで人さし指に糸をかけ、針を矢印のように回し、糸を巻きつける。

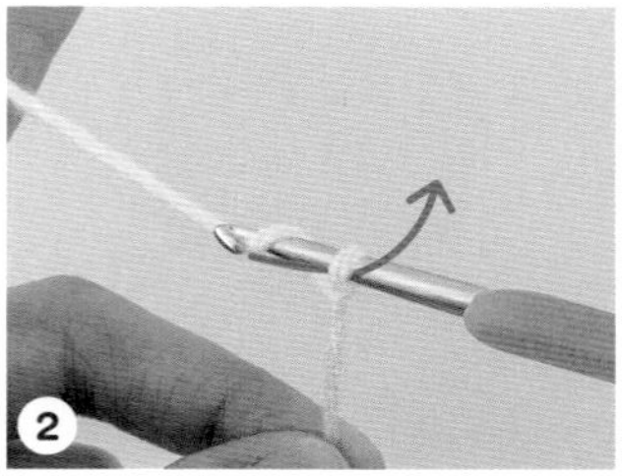

針に糸をかけ、引き出す。

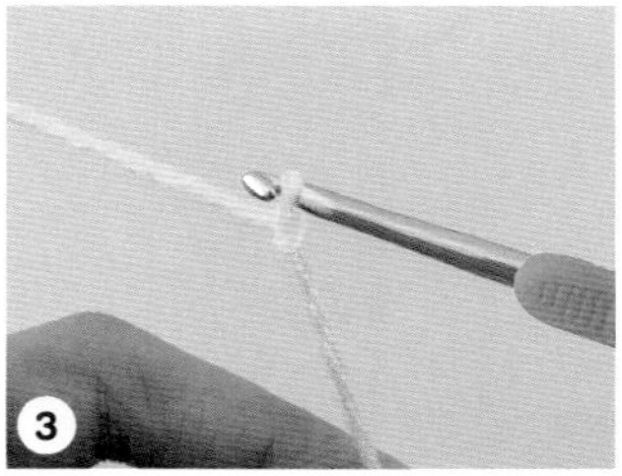

引き出したところ。これは1目に数えない。糸端を引いて、目を締める。

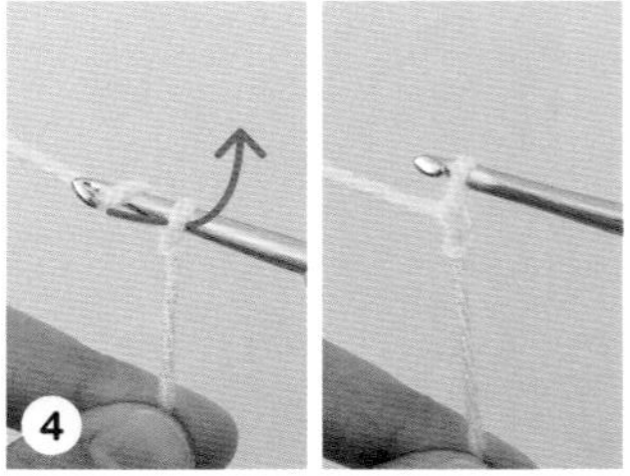

糸をかけて引き出す。鎖編みが1目編めた。

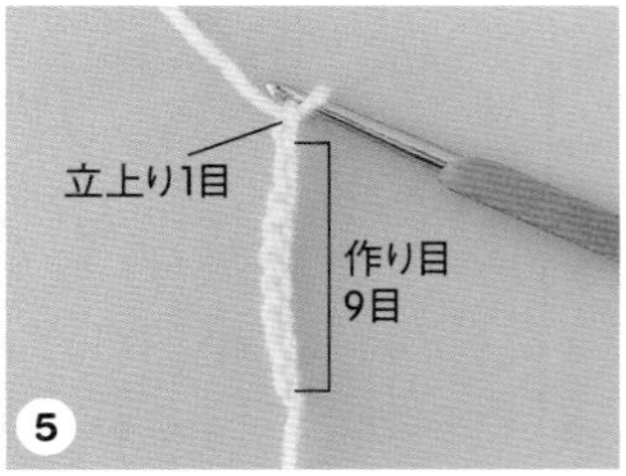

4 を繰り返し、作り目の9目+立上り1目の合計10目が編めたところ。

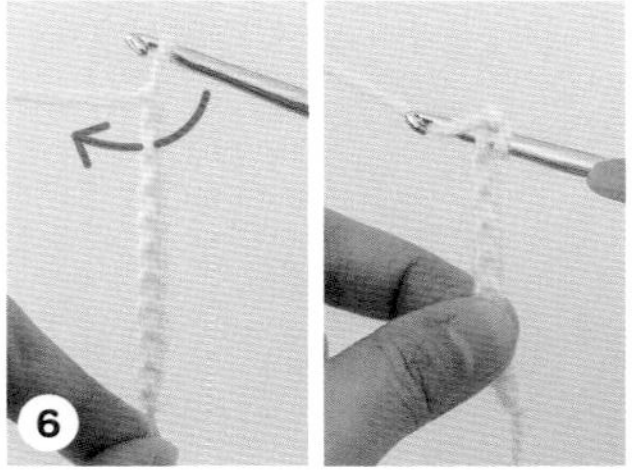

鎖目の裏側を見て、鎖目の裏山1本のみをすくう。

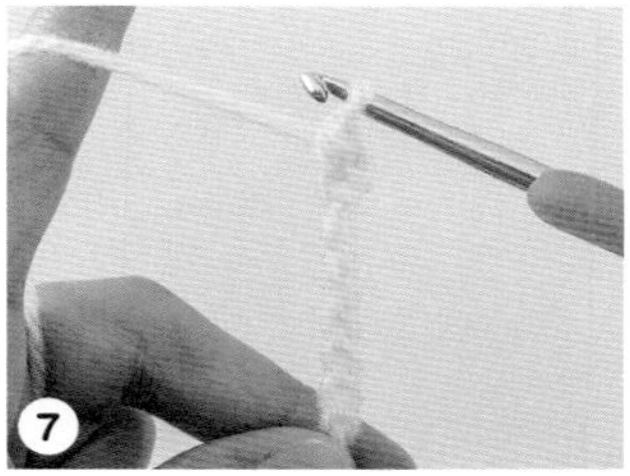

細編みを編む(p.43 **5** ～ **8** 参照)。

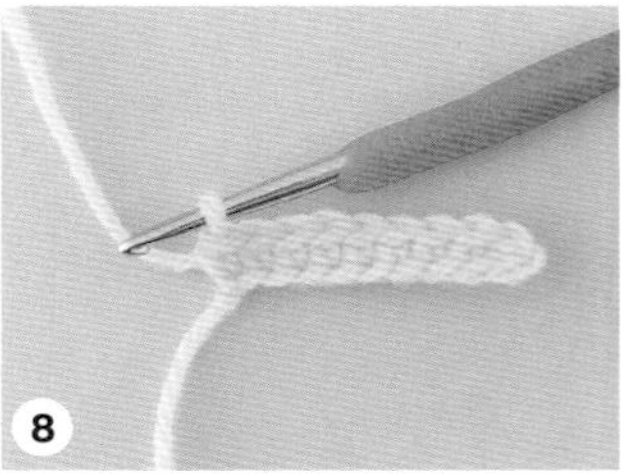

同様に9目編む。

往復編み

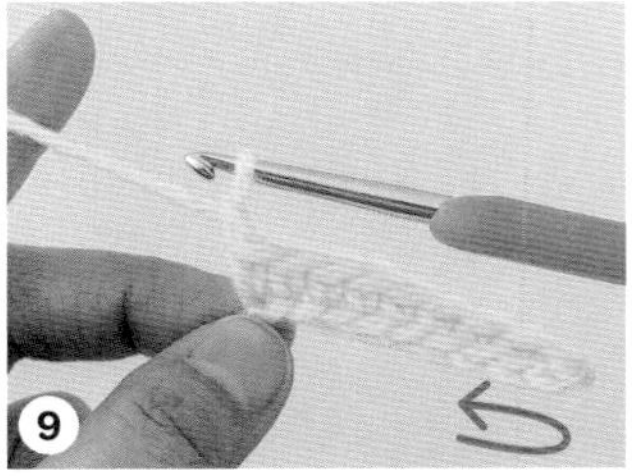

立上りの鎖1目を編み、矢印の方向に編み地を回す。

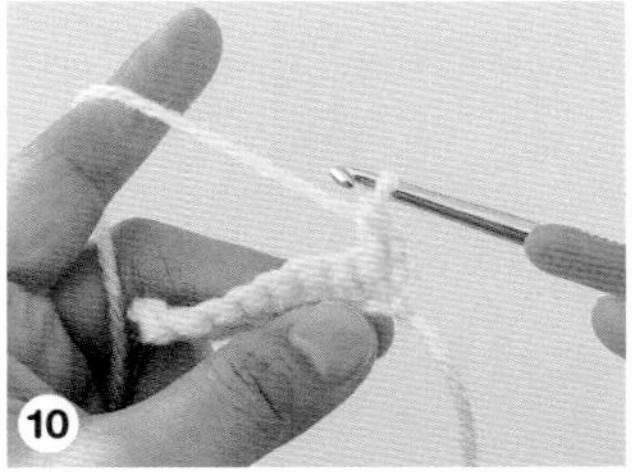

2段めの1目め。前段の細編みの頭に針を入れ、細編みを編む。

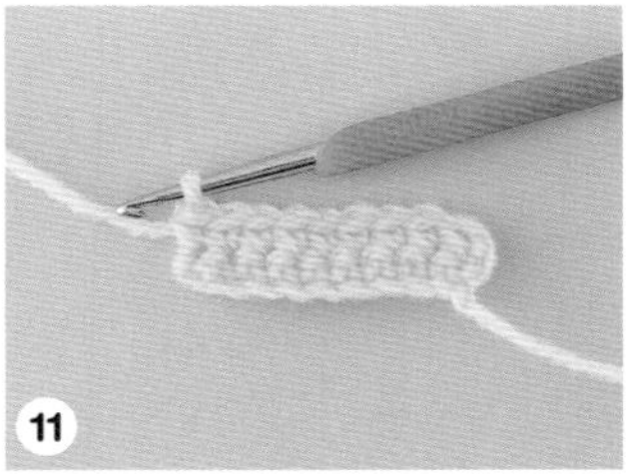

同様に編み地の裏側を見ながら2段めを編む。

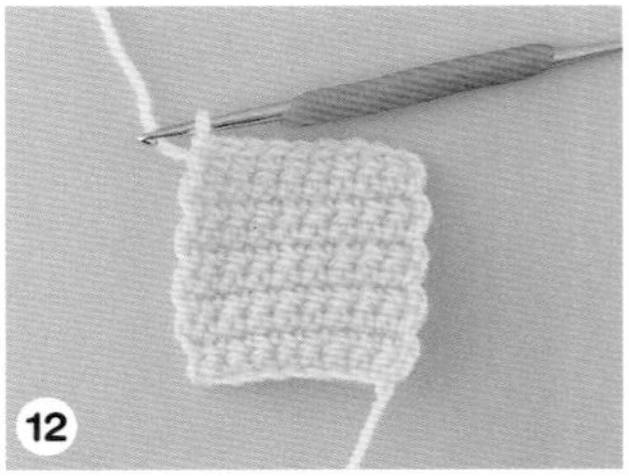

奇数段は表側、偶数段は裏側を見ながら往復で編む。

ピクルスを編む　編み図→p.42

色を替える

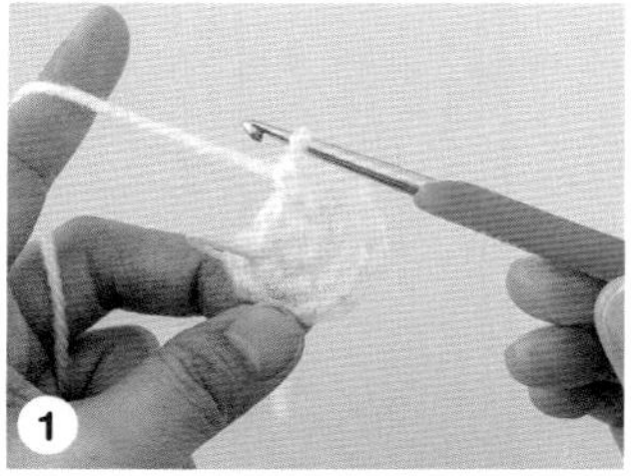

1

ピクルスの編み図とp.43 1 ～18 を参照し、細編みで2段めの11目まで編む。

2

最後の細編みは糸を引き出したところまで編み（未完成の細編み）、最後の糸をかけて引き抜く糸の色を替える。最後の細編みが編めた。

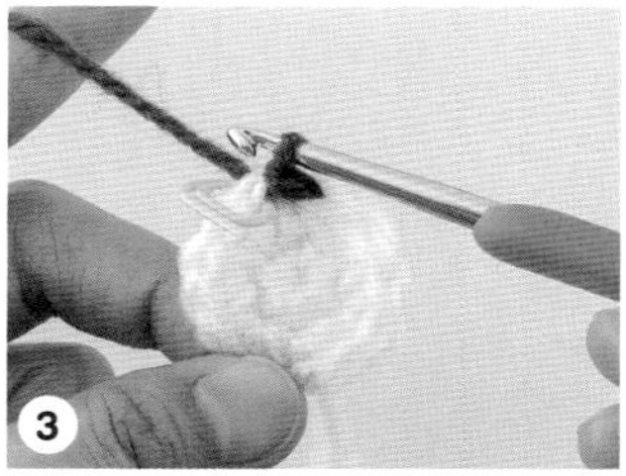

3

1目めに引き抜く。引抜き編みが新しい色になり、2段めが編めた。

4

続けて3段めを編む。

ポテトケースを編む　編み図→p.48

鎖の作り目の両側から目を拾う

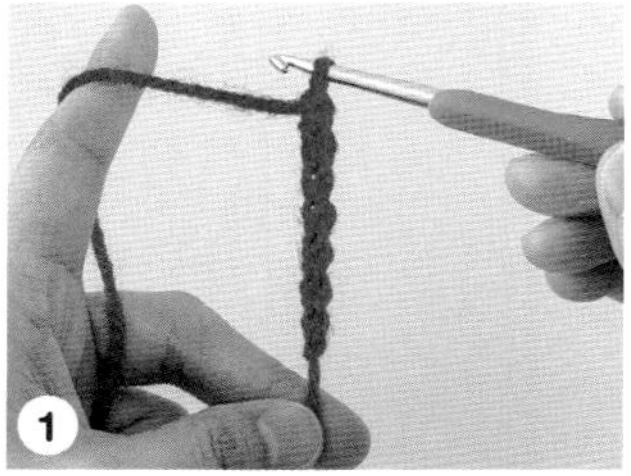

1

ポテトケースの編み図とp.46 1 ～ 5 を参照し、作り目6目+立上り1目の合計7目を編む。

2

P.46 6 を参照して目を拾い、細編みを6目編む。1目めに段目リングを入れる。

3

編み地を90°回し、6目めと同じ目に、「細編み2目編み入れる」。

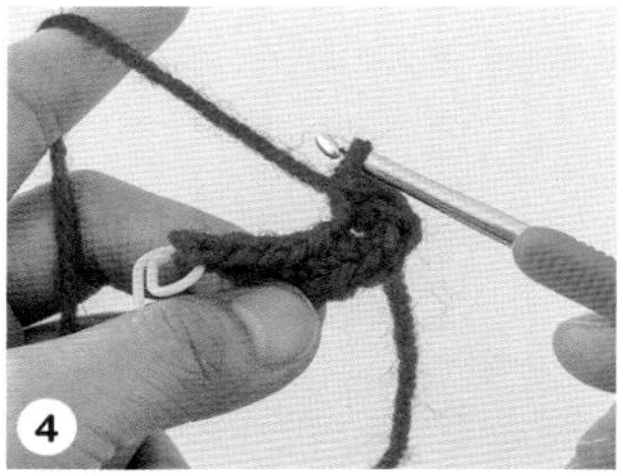

4

さらに90°回し、6目めと同じ目に細編みを編む。この目には合計4目編み入れている。

5

次の目以降は、作り目の残っている頭の目を拾って細編みを5目編む。

6

最後は1目めと同じ目に「細編み2目編み入れる」。

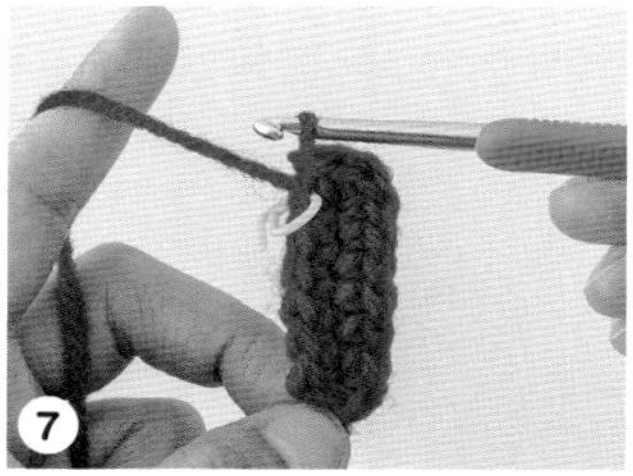

7

1目めの細編みの頭に引き抜いて、1段めが編み終わったところ。

8

編み図を参照して輪に編む。

バンズの外側（上） 茶色（1枚）

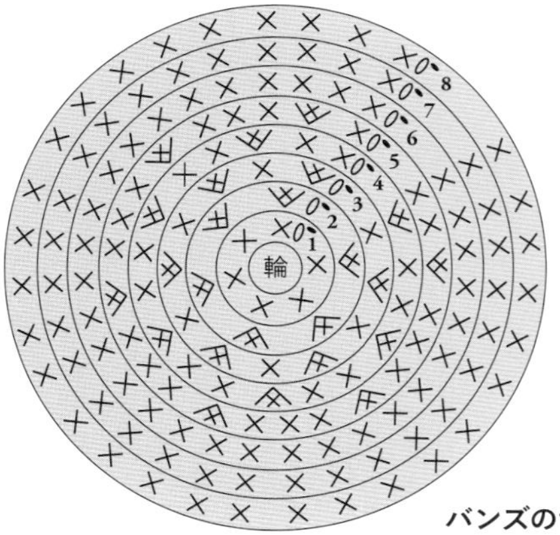

段	目数
6〜8	30
5	30（+6）
4	24（+6）
3	18（+6）
2	12（+6）
1	6

バンズの外側（下） 茶色（1枚）

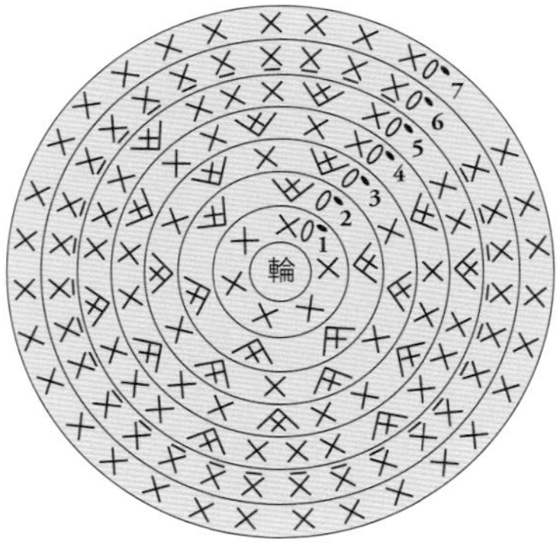

段	目数	
7	30	
6	**30**	筋編み
5	30（+6）	
4	24（+6）	
3	18（+6）	
2	12（+6）	
1	6	

バンズの切り口側 オフホワイト（2枚）

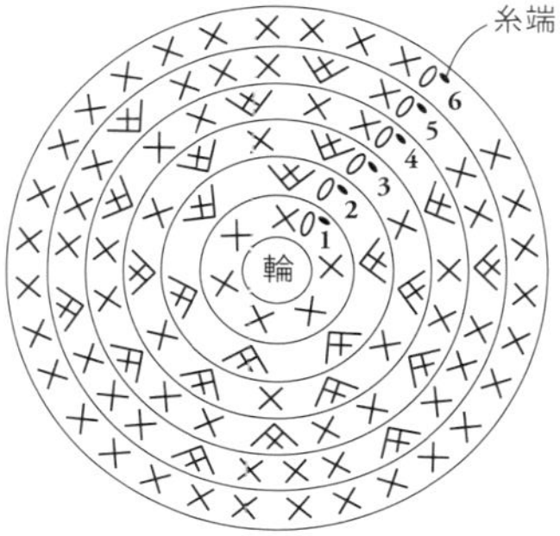

糸端を20cm残す

段	目数
6	30
5	30（+6）
4	24（+6）
3	18（+6）
2	12（+6）
1	6

バンズの仕上げ方

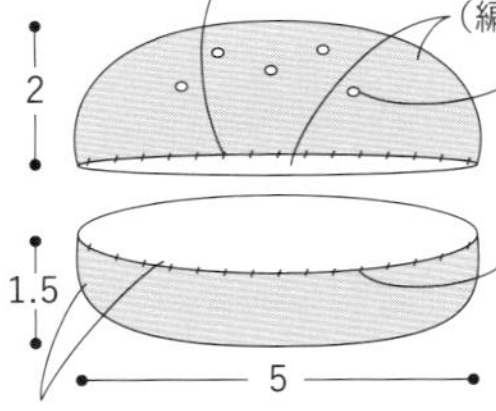

わたを入れ、外側（上）の最終段の頭の目を
残しながら切り口側と巻きかがり
（編み地の裏側）
ペールオレンジで
フレンチノット・ステッチ
わたを入れ、
外側（下）の最終段の
頭の目を残しながら
切り口側と巻きかがり
2
1.5
5
（編み地の裏側）

ポテトケース 赤（1枚）

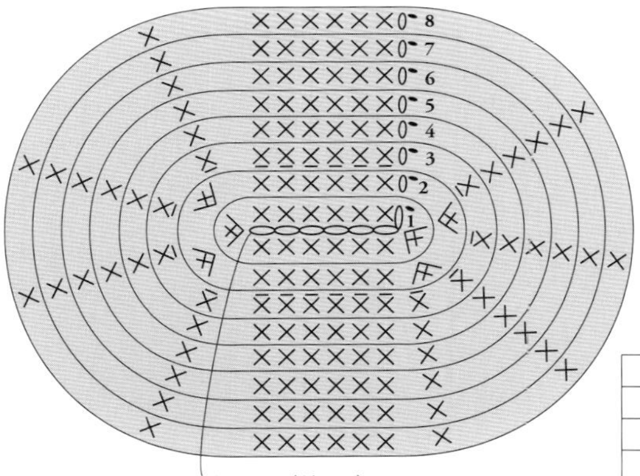

編始め（鎖6目）

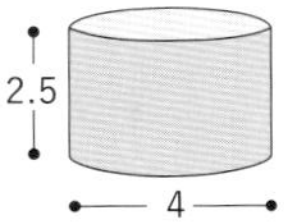

2.5
4

段	目数	
8〜4	20	
3	**20**	筋編み
2	20（+4）	
1	16	

フライドポテト クリーム色（11枚）

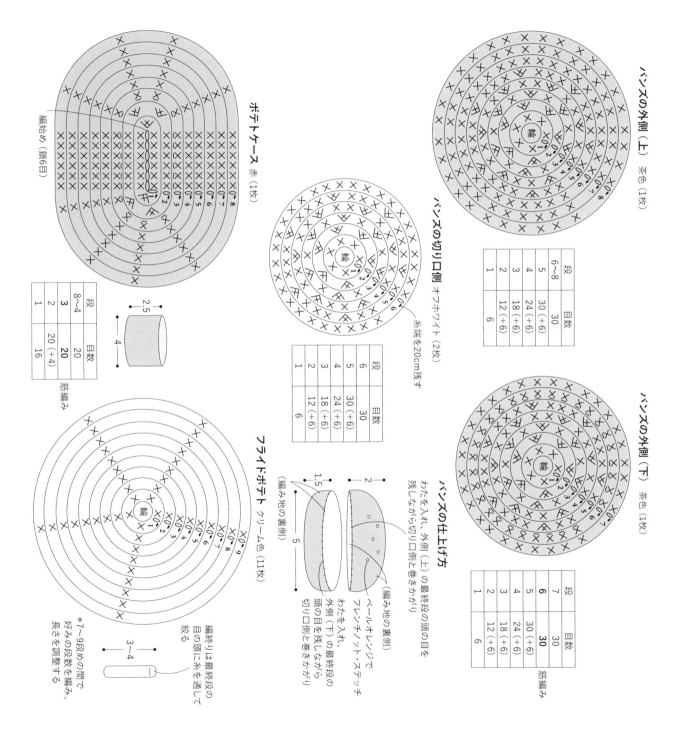

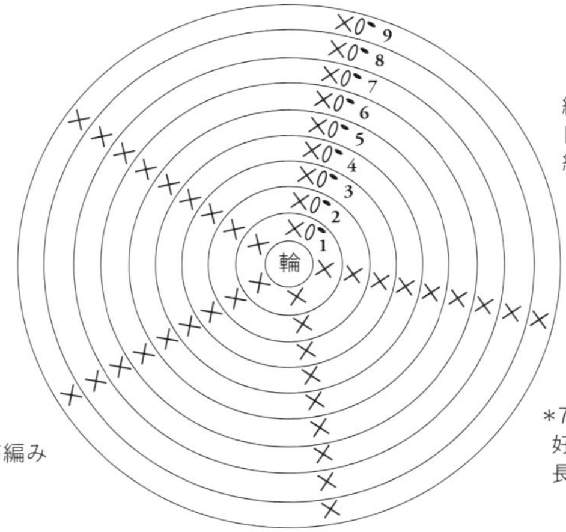

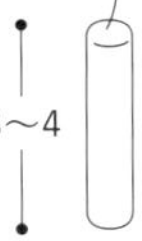

編終りは最終段の
目の頭に糸を通して
絞る
3〜4

*7〜9段めの間で
好みの段数を編み、
長さを調整する

ハンバーガー4種

写真★p.28,29

★糸（使用量はすべて少量）
〔たまご〕ハマナカ ピッコロ レモン色（8）、白（1）
〔レタス〕ハマナカ ピッコロ 黄緑（9）
〔トマト〕ハマナカ ピッコロ 赤（6）
〔ベーコン〕ハマナカ ピッコロ サーモンピンク（39）、オフホワイト（2）
〔フィッシュパテ〕ハマナカ itoa あみぐるみが編みたくなる糸 金茶（316）
★用具
4/0号かぎ針

トマト 赤（1枚）

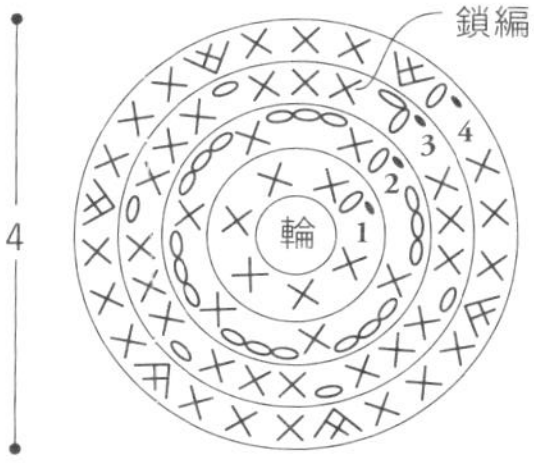

段	目数
4	30（+6）
3	24（±0）
2	24（+18）
1	6

ベーコン（1枚）

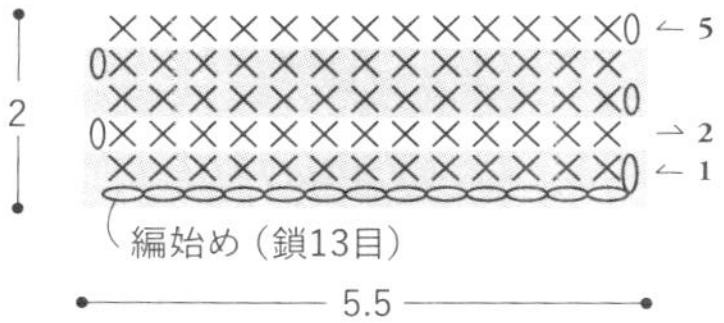

□はサーモンピンク　□はオフホワイト

たまご（1枚）

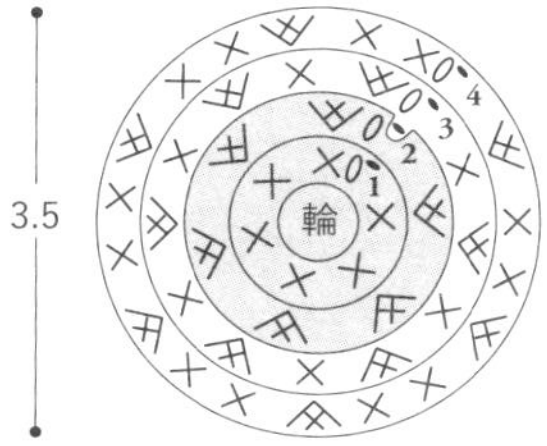

段	目数
4	24（+6）
3	18（+6）
2	12（+6）
1	6

□はレモン色　□は白
レモン色は、2段または3段編み、黄身の大きさを調整する

レタス 黄緑（1枚）

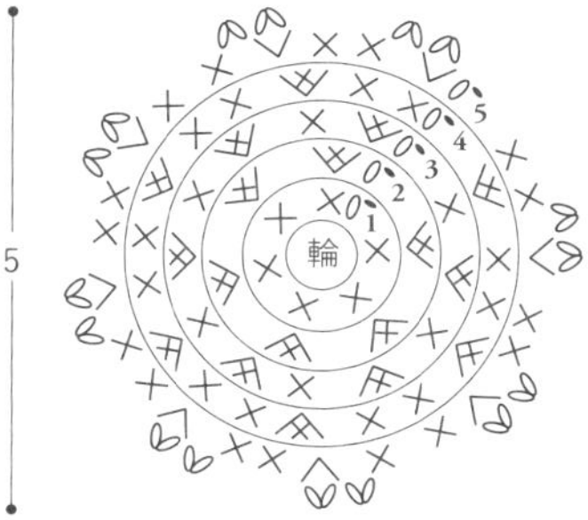

= ×× 2目編み入れる

段	目数
5	図参照
4	24（+6）
3	18（+6）
2	12（+6）
1	6

フィッシュパテ
金茶（2枚）

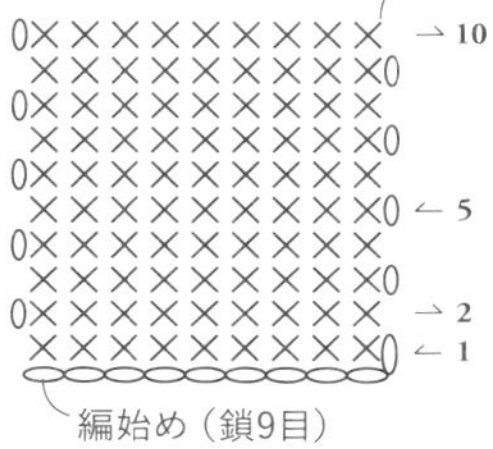

フィッシュパテの仕上げ方

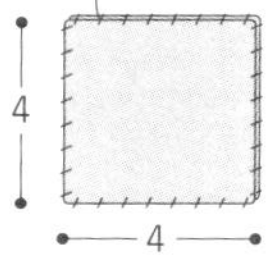

出来上り図

ビーフパテ、チーズ、ピクルスはp.42、バンズはp.48参照

刺繍の基礎

ストレート・ステッチ

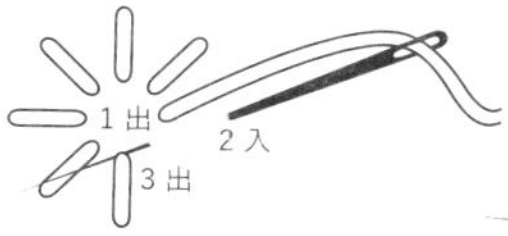

バック・ステッチ

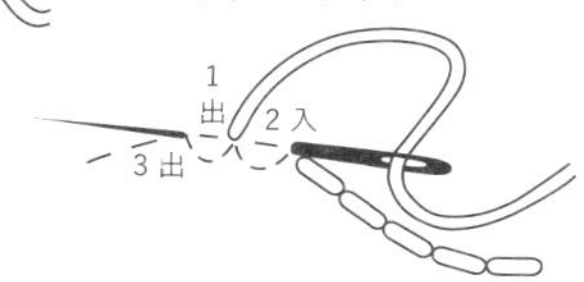

フレンチノット・ステッチ

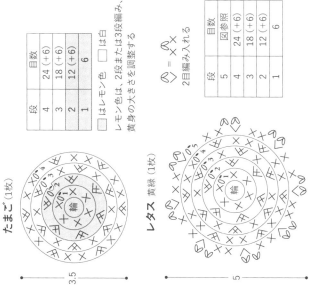

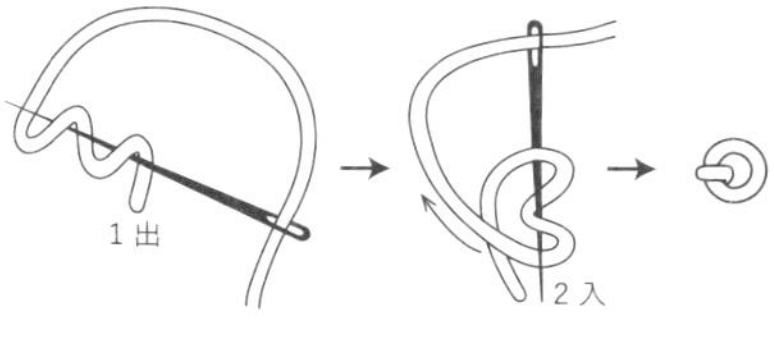

ラーメン

写真★p.4

★糸（使用量は指定以外は少量）
〔ゆでたまご〕ハマナカ ピッコロ オフホワイト（2）、レモン色（8）
〔ねぎ〕ハマナカ ピッコロ 白（1）、黄緑（9）
〔メンマ〕ハマナカ ラブボニー 黄土色（127）
〔チャーシュー〕ハマナカ ピッコロ 茶色（21）、ベージュ（16）
〔のり〕ハマナカ ピッコロ 黒（20）
〔なると〕ハマナカ ピッコロ 白（1）、ピンク（4）
〔丼〕ハマナカ ラブボニー 白（125）22g、ハマナカ ピッコロ 赤（6）
〔麺〕ハマナカ ピッコロ クリーム色（41） 5g
★用具
〔メンマ、丼〕6/0号かぎ針
〔指定以外〕4/0号かぎ針
★その他
〔ゆでたまご〕手芸わた

ゆでたまごの白身a オフホワイト（1枚）
ゆでたまごの白身b オフホワイト（1枚）

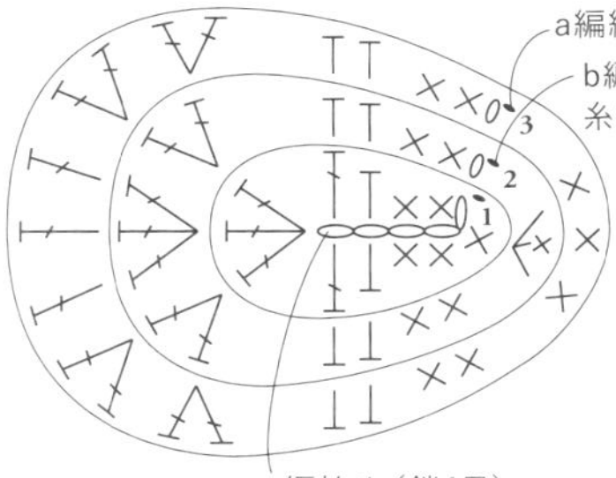

段	目数
3	22（+4）
2	18（+6）
1	12

←b編終り

ゆでたまごの黄身
レモン色 （1枚）

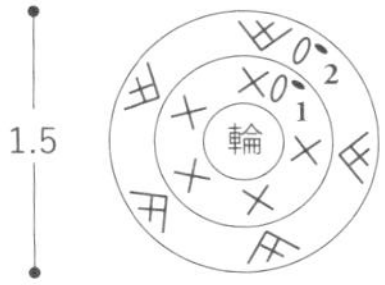

段	目数
2	10（+5）
1	5

ゆでたまごの仕上げ方

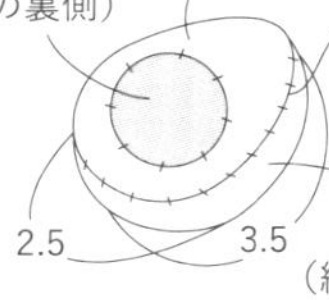

なると 白（1枚）

段	目数
3	12ネット
2	12（+6）
1	6

なるとの仕上げ方

ねぎ（5枚）

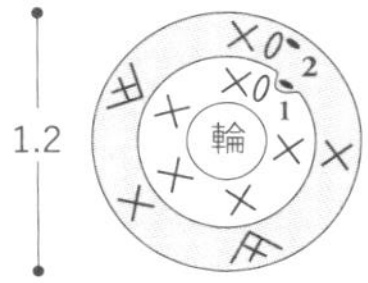

段	目数
2	7（+2）
1	5

□は白　□は黄緑

メンマ 黄土色（5枚）

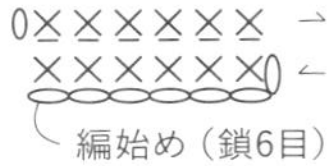

メンマの仕上げ方

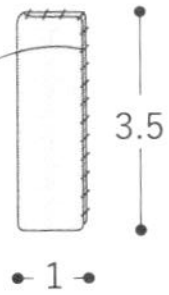

チャーシュー（2枚）

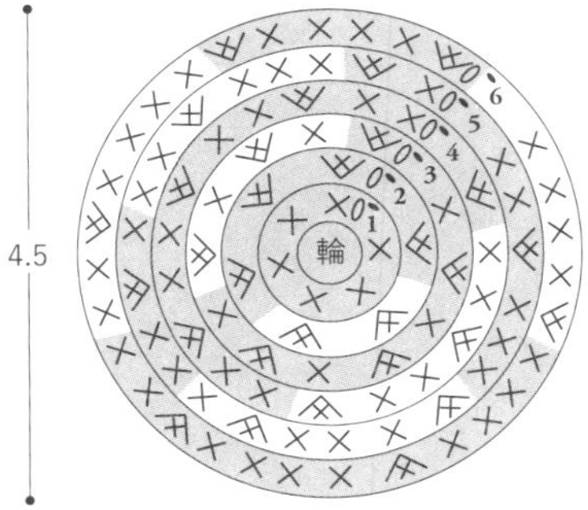

段	目数
6	36（+6）
5	30（+6）
4	24（+6）
3	18（+6）
2	12（+6）
1	6

□は茶色
□はベージュ

のり 黒（1枚）

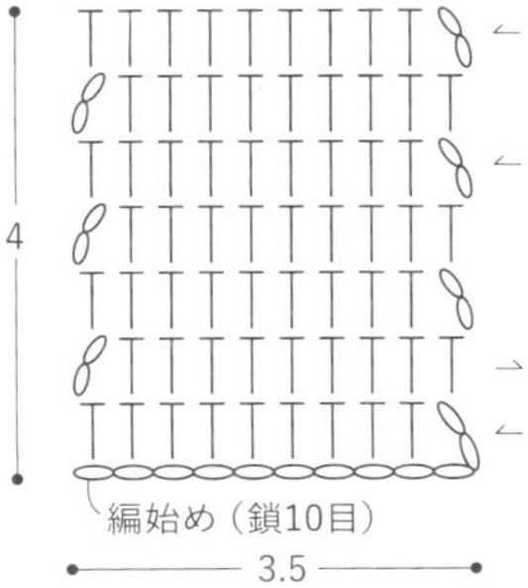

出来上り図

丼 白（1枚）

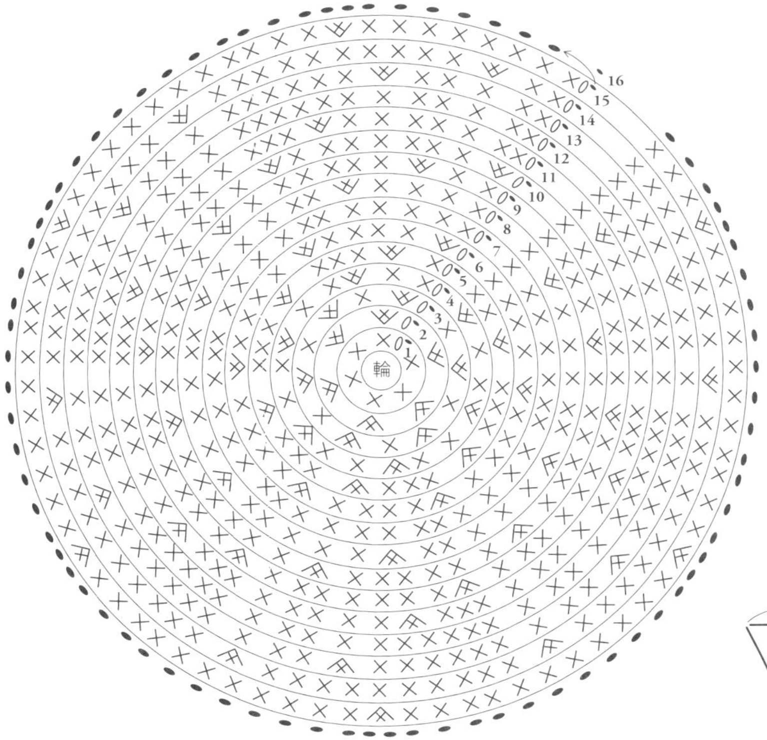

段	目数	
16	**78**	引抜き編み
15	78（+6）	
14	72（+6）	
13	66（+6）	
12	60	
11	60（+6）	
10	54（+6）	
9	48（+6）	
8	42（+6）	
7	36	
6	36（+6）	
5	30（+6）	
4	24（+6）	
3	18（+6）	
2	12（+6）	
1	6	

丼の高台の編み方

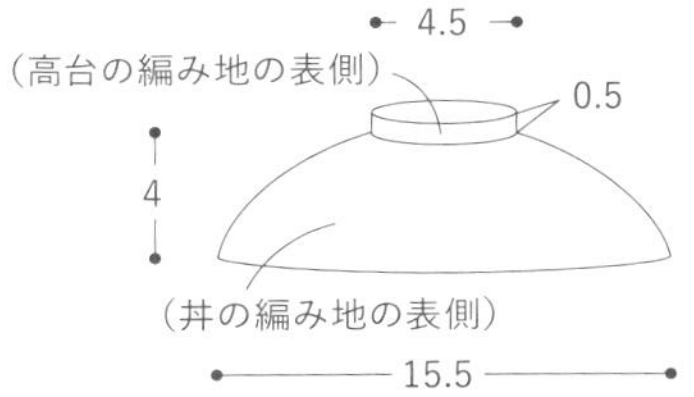

丼の4段め細編みの柱から拾い、
細編み、引抜き編みを24目編む

丼の高台　白

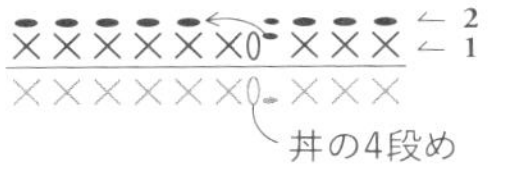

丼のステッチ

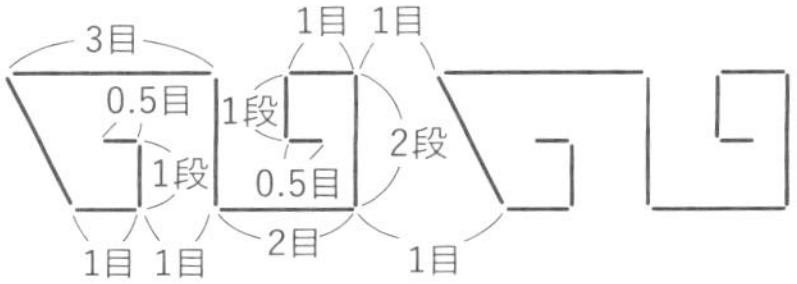

丼の編み地の内側の14、15段めに13模様
赤でバック・ステッチ（p.49参照）を刺す

段の途中で色を替える方法

色を替える手前の細編みを糸を引き出したところまで編み（未完成の細編み）、替える新しい色の糸を針にかけて引き抜く。

引き抜いたところ。新しい色に変わった。

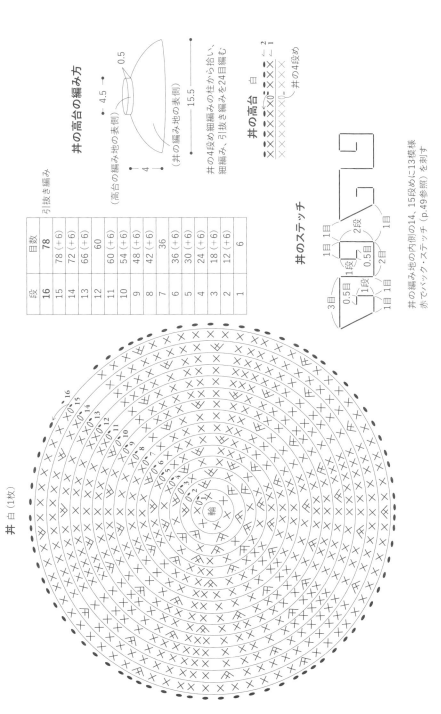

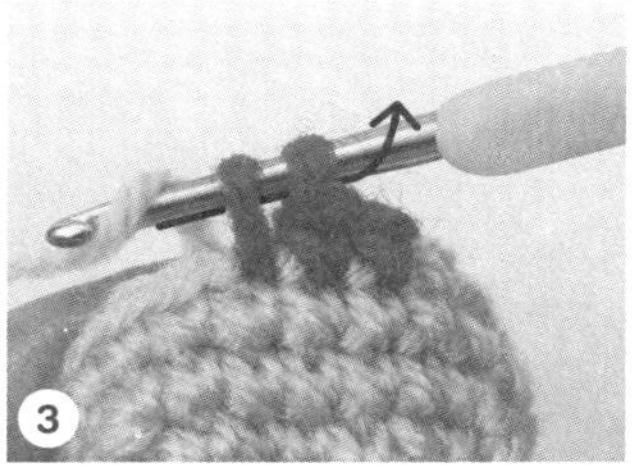

続けて細編みを編み、その色の最後の目の未完成の細編みで、もとの色の糸で引き抜いて、色を替える。

餃子とビールのちょい飲みセット

写真★p.5

★糸（使用量は指定以外は少量）
〔餃子〕 ハマナカ ピッコロ オフホワイト（2）
〔ビール〕 ハマナカ ラブボニー 黄色（105）12g、白（125）
〔枝豆〕 ハマナカ ピッコロ 黄緑（9）
〔角皿〕 ハマナカ ボニー 薄緑（492）8g、薄茶（418）
〔小鉢〕 ハマナカ ラブボニー 茶色（122）5g → p.68
〔小皿〕 ハマナカ ラブボニー オフホワイト（101）→ p.68

★用具
〔餃子、枝豆〕 4/0号かぎ針
〔ビール、小鉢〕 6/0号かぎ針
〔角皿〕 8/0号かぎ針
〔小皿〕 5/0号かぎ針

★その他
〔餃子、ビール、枝豆〕 手芸わた
〔餃子〕 サインペン 茶色

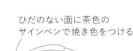

餃子 オフホワイト（5枚）

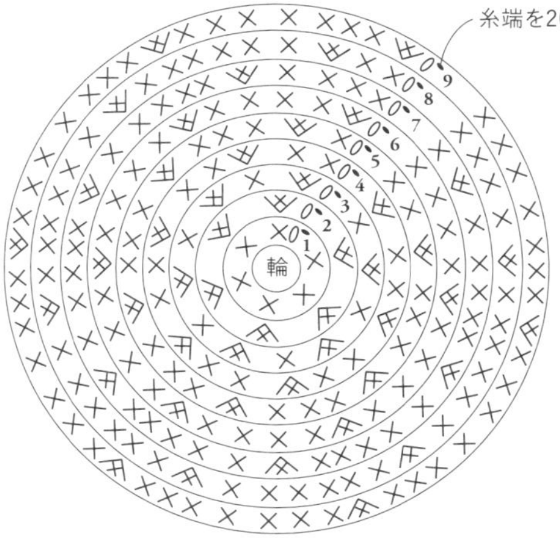
糸端を20cm残す
輪

段	目数
9	54（+6）
8	48（+6）
7	42（+6）
6	36（+6）
5	30（+6）
4	24（+6）
3	18（+6）
2	12（+6）
1	6

餃子の仕上げ方

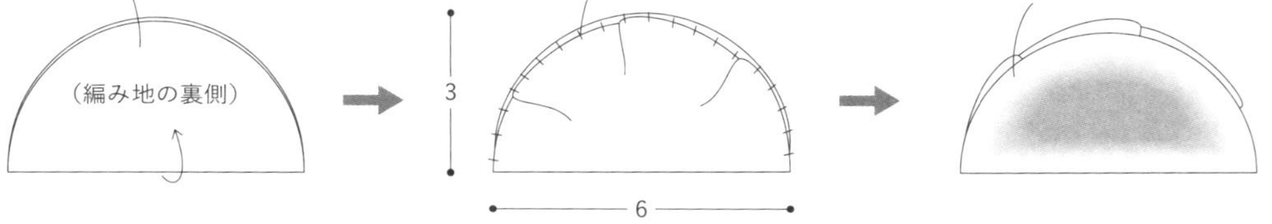
中表に半分に折る
（編み地の裏側）
片側にだけひだを3つ寄せ、
わたを入れて
向かい合う目の頭を巻きかがり
3
6
ひだのない面に茶色の
サインペンで焼き色をつける

角皿（1枚）

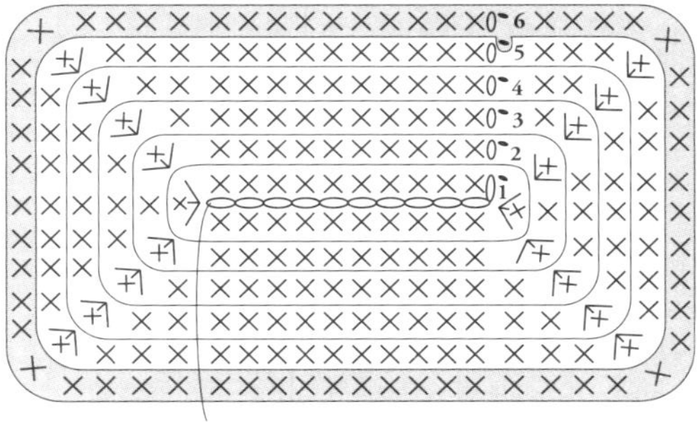
編始め（鎖10目）

□は薄緑
■は薄茶

段	目数
6	58
5	58（+8）
4	50（+8）
3	42（+8）
2	34（+8）
1	26

出来上り図

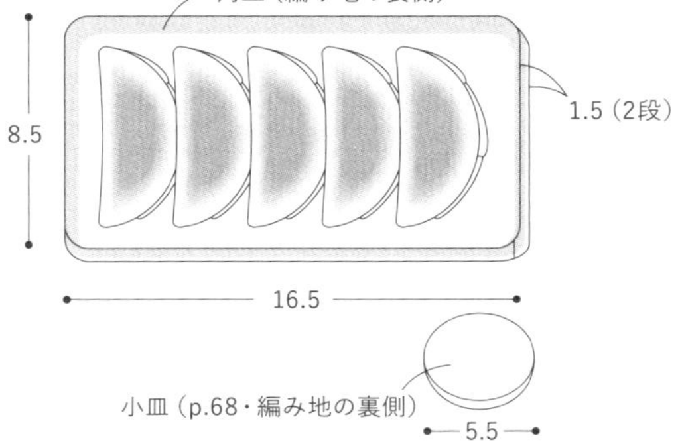
角皿（編み地の表側）
8.5
1.5（2段）
16.5
小皿（p.68・編み地の裏側）
5.5

枝豆・小 黄緑（2枚）

段	目数
3	18（+4）
2	14（−2）
1	16

枝豆・大 黄緑（3枚）

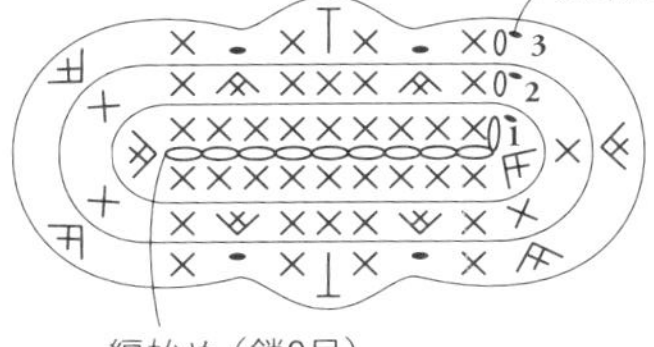

段	目数
3	22（+4）
2	18（−4）
1	22

ビールの取っ手 白（1枚）

ビールの取っ手の仕上げ方

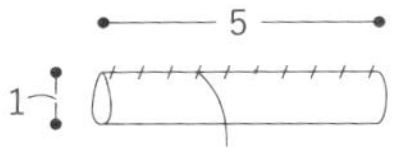

ビールの仕上げ方

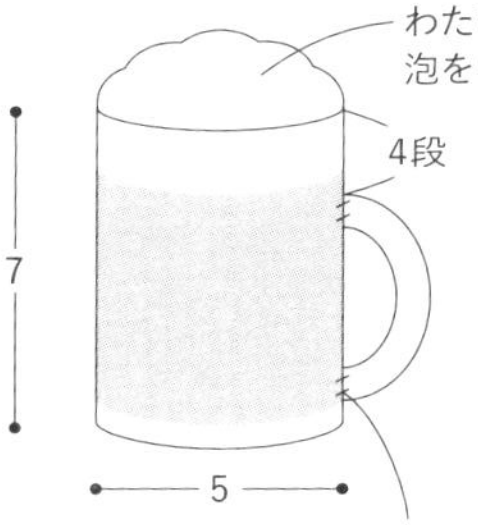

段	目数	
14〜16	24	
6〜13	24	
5	**24**	筋編み
4	24（+6）	
3	18（+6）	
2	12（+6）	
1	6	

□は白
■は黄色

枝豆の仕上げ方

出来上り図

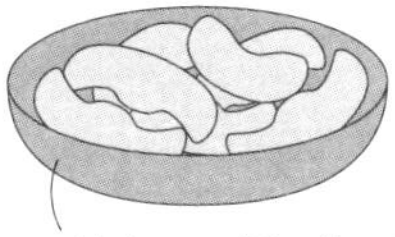

ビールのジョッキ（1枚）

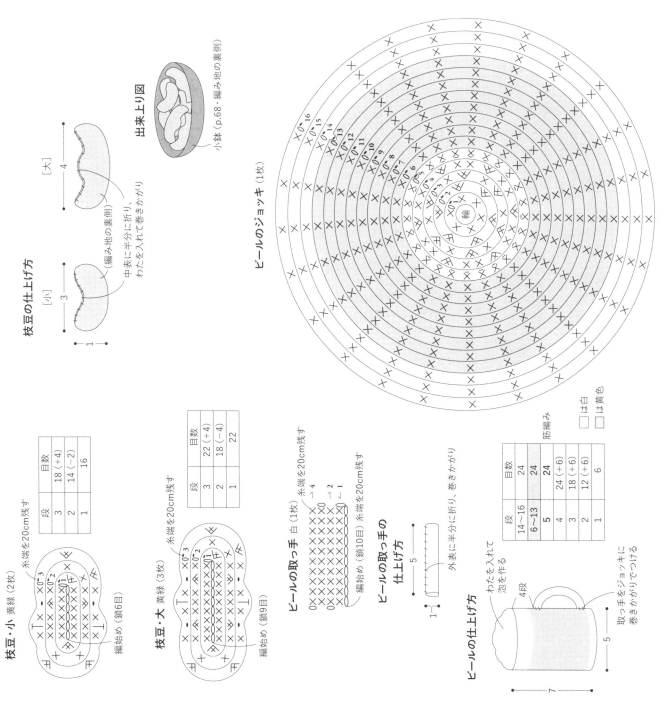

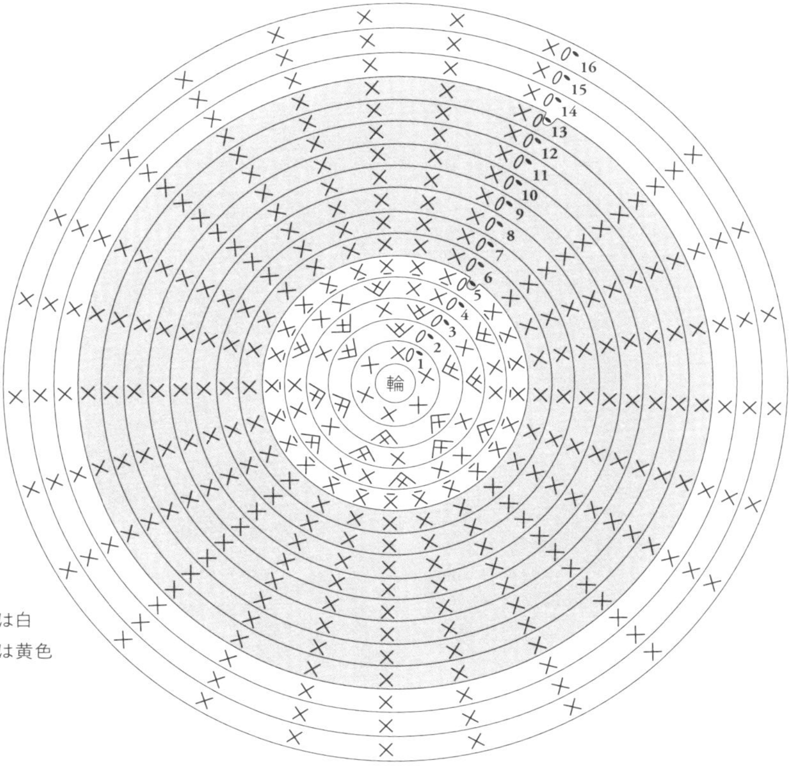

寿司

写真★p.6,7

★糸（使用量は指定以外は少量）

〔シャリ（共通）〕 ハマナカ ピッコロ 白（1）
〔たこ〕 ハマナカ ピッコロ 白（1）、えんじ（30）
〔えび〕 ハマナカ ピッコロ 白（1）、オレンジ（51）
〔まぐろ〕 ハマナカ ピッコロ 赤（6）
〔いか〕 ハマナカ ピッコロ 白（1）
〔穴子〕 ハマナカ ピッコロ ベージュ（16）
〔サーモン〕 ハマナカ ピッコロ 濃オレンジ（7）
〔大トロ〕 ハマナカ ピッコロ サーモンピンク（39）、白（1）
〔帆立〕 ハマナカ ピッコロ オフホワイト（2）、黒（20）
〔たまご〕 ハマナカ ピッコロ 黄色（42）、黒（20）
〔イクラ〕 ハマナカ ピッコロ 濃オレンジ（7）、黒（20）
〔うに〕 ハマナカ ピッコロ 山吹色（25）、黄緑（9）、黒（20）
〔ガリ〕 ハマナカ ピッコロ ピンクベージュ（3）
〔かっぱ巻き〕 ハマナカ ピッコロ 黄緑（9）、白（1）、黒（20）
〔鉄火巻き〕 ハマナカ ピッコロ 赤（6）、白（1）、黒（20）
〔かんぴょう巻き〕 ハマナカ ピッコロ カフェオレ（38）、白（1）、黒（20）
〔たくあん巻き〕 ハマナカ ピッコロ レモン色（8）、白（1）、黒（20）
〔寿司おけ〕 ハマナカ ラブボニー 黒（120）18g、濃赤（133）

★用具

〔寿司おけ〕 6/0号かぎ針
〔寿司おけ以外〕 4/0号かぎ針

★その他

〔シャリ（軍艦は除く）、巻き物〕 手芸わた
〔穴子〕 サインペン 茶色
〔巻き物、寿司おけ以外〕 手芸用ボンド

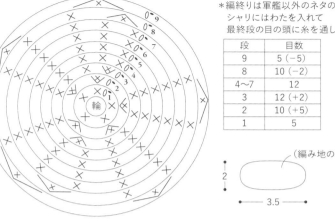

シャリ（共通） 白（各1枚）

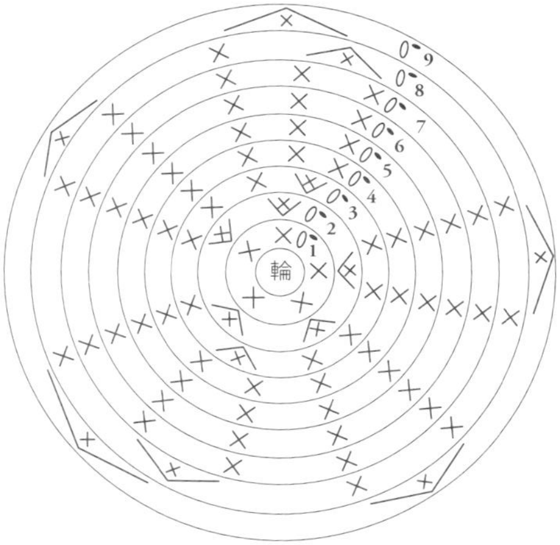

＊編み地の裏側を表にする
＊編終りは軍艦以外のネタのシャリにはわたを入れて最終段の目の頭に糸を通して絞る

段	目数
9	5（−5）
8	10（−2）
4〜7	12
3	12（+2）
2	10（+5）
1	5

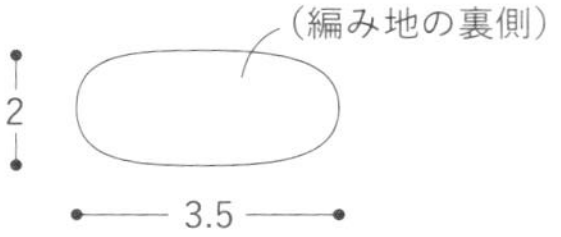

たこ（1枚）

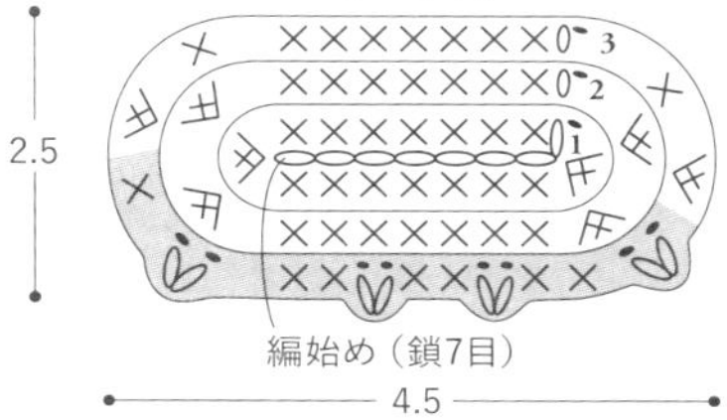

＊編み地の裏側を表にして、手芸用ボンドでシャリに接着する

段	目数
3	図参照
2	22（+4）
1	18

□ は白
■ はえんじ

＝前段の細編みの頭に引抜き編み、鎖2目、引抜き編みを編み入れる

えび（1枚）

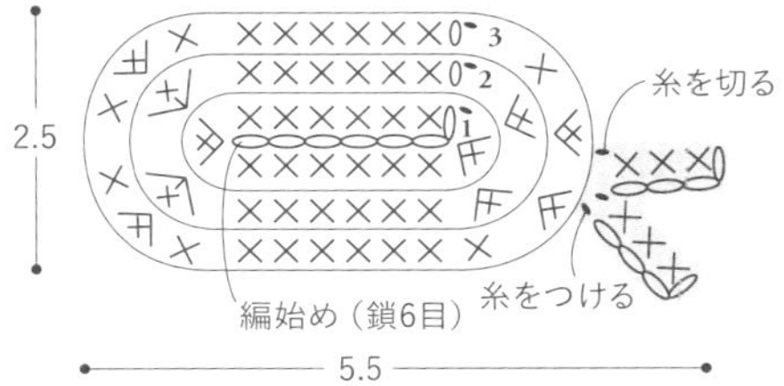

＊えびを仕上げてから編み地の裏側を表にして手芸用ボンドでシャリに接着する

段	目数
3	26（+4）
2	22（+6）
1	16

□ は白
□ はオレンジ

えびの仕上げ方

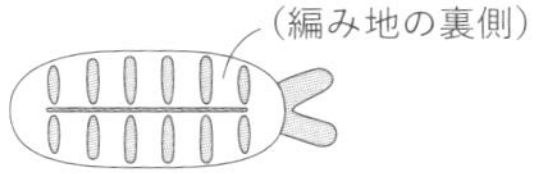

オレンジでストレート・ステッチ（p.49参照）を中央は1回、それ以外は2、3回刺す

まぐろ 赤　**いか** 白　**穴子** ベージュ
サーモン 濃オレンジ　**大トロ** サーモンピンク　（各1枚）

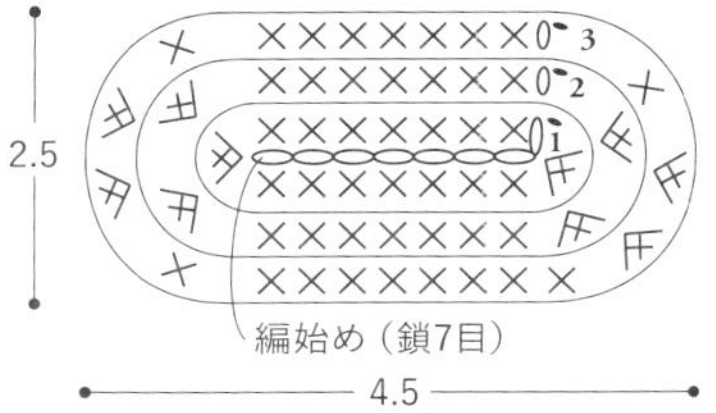

＊穴子と大トロは仕上げてから
すべて編み地の裏側を表にして、
手芸用ボンドでシャリに接着する

段	目数
3	26（+4）
2	22（+4）
1	18

穴子と大トロの仕上げ方

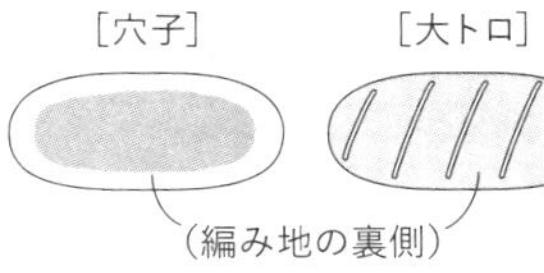

穴子は茶色のサインペンを
塗ってタレを表現する。
大トロは白で
ストレート・ステッチ（p.49参照）
を刺す

帆立 オフホワイト（2枚）

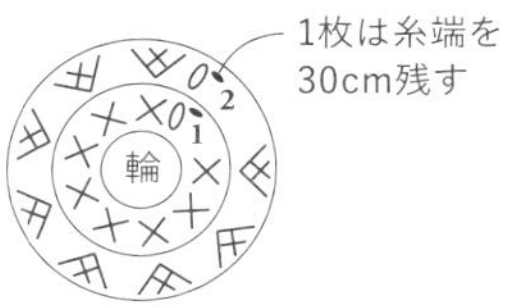

＊帆立を仕上げてから
編み地の裏側を表にして、
手芸用ボンドでシャリに接着して
のりを巻きつけて手芸用ボンドで
接着する

段	目数
2	16（+8）
1	8

たまご 黄色（1枚）

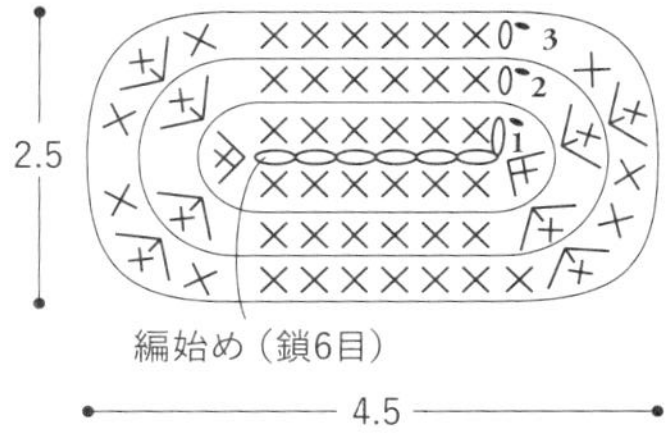

＊編み地の裏側を表にして、
手芸用ボンドで
シャリに接着して
のりを巻きつけて
手芸用ボンドで接着する

段	目数
3	32（+8）
2	24（+8）
1	16

帆立の仕上げ方

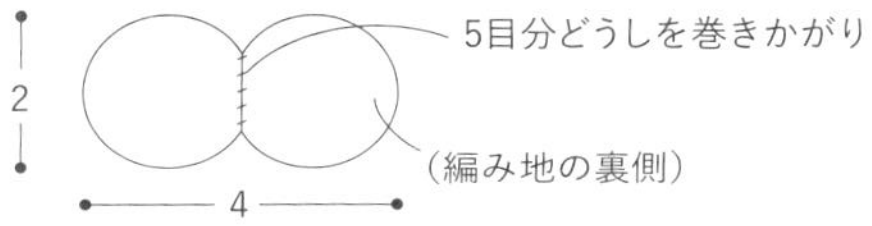

たまご、帆立ののり 黒（各1枚）

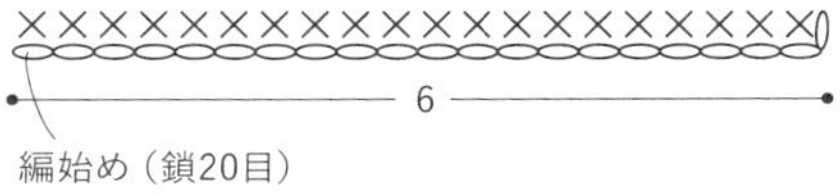

イクラ 濃オレンジ（19枚）

＊編終りはわたを入れず、
最終段の目の頭に糸を
通して絞る

うにのきゅうり 黄緑（1枚）
ガリ ピンクベージュ（6枚）

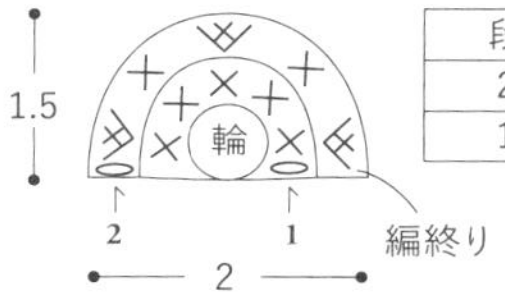

段	目数
2	8（+3）
1	5

うに 山吹色（1枚）

段	目数
3	18（+6）
2	12（+6）
1	6

軍艦ののり 黒（各1枚）

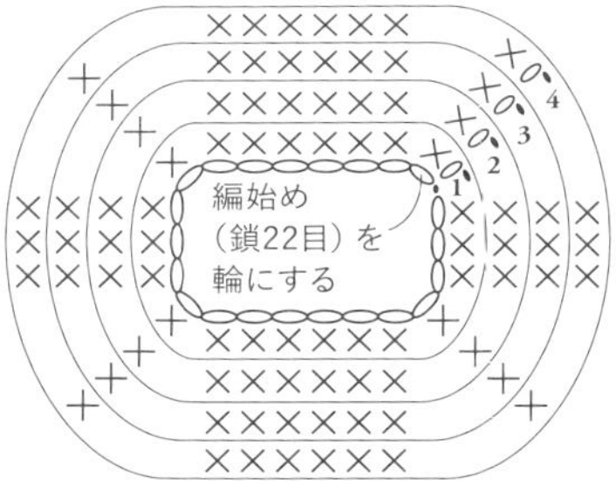

軍艦の仕上げ方

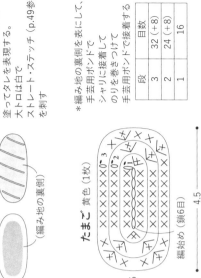

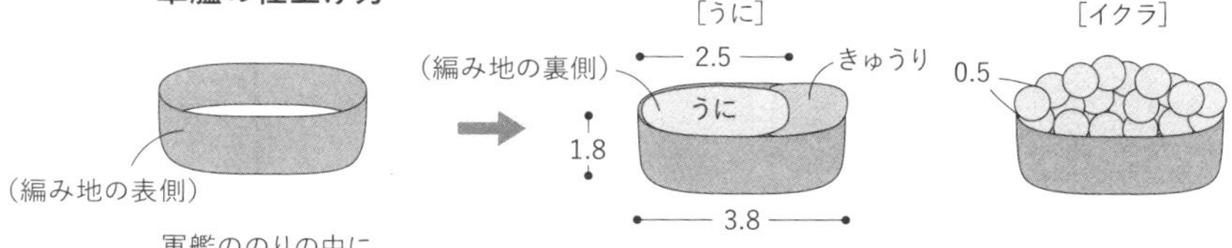

軍艦ののりの中に
わたを入れていない
シャリを入れる

うに、きゅうりとイクラをそれぞれ
手芸用ボンドでシャリとのりに接着する

巻き物の下部（各1枚）

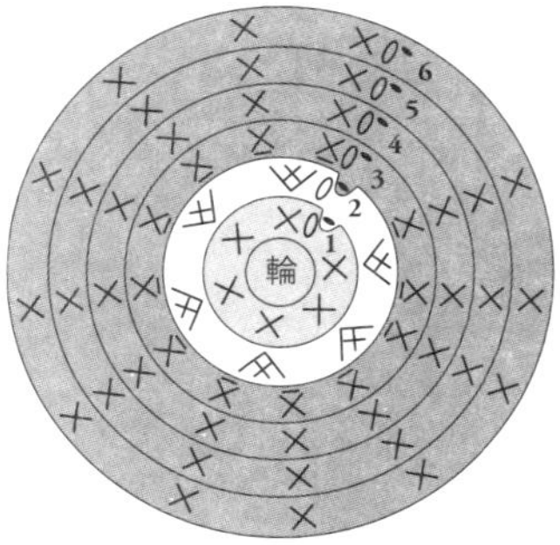

段	目数
4〜6	12
3	12
2	12（+6）
1	6

筋編み（3段）

巻き物の上部（各1枚）

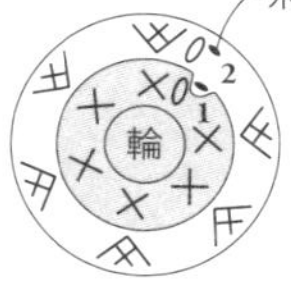

段	目数
2	12（+6）
1	6

巻き物の仕上げ方

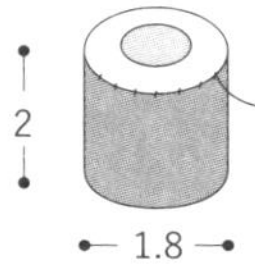

巻き物の配色表

	1段め	2段め	3〜6段め
鉄火	赤	白	黒
かっぱ	黄緑	白	黒
かんぴょう	カフェオレ	白	黒
たくあん	レモン色	白	黒

寿司おけ（1枚）

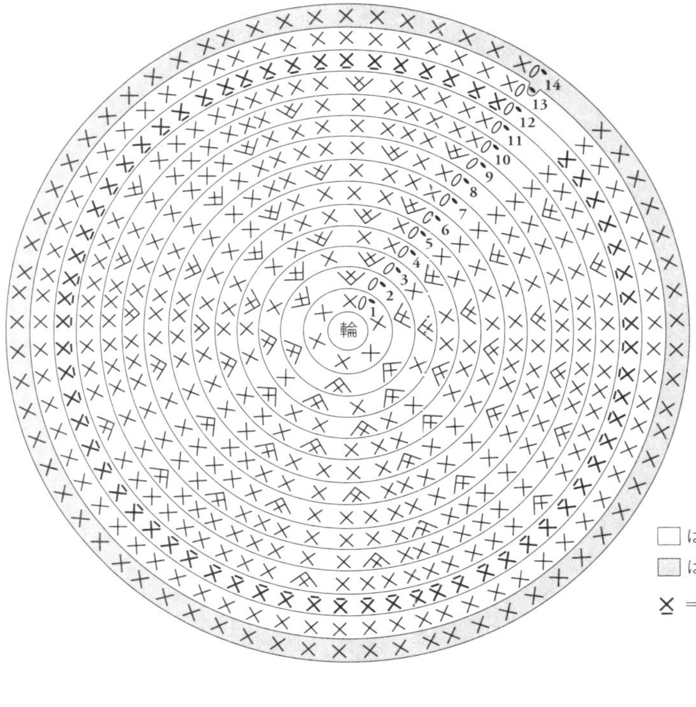

□は黒
□は濃赤
✕＝変り筋編み
鎖の手前の1本だけを
すくって細編みを編む

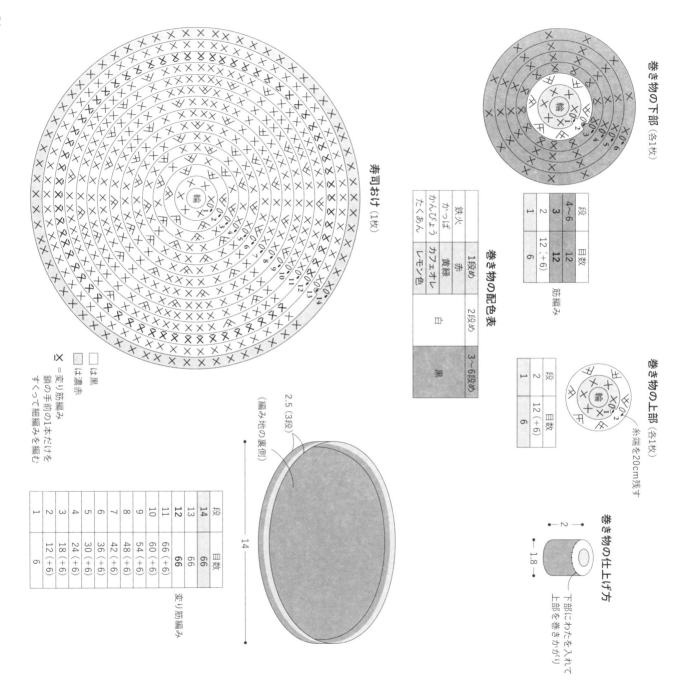

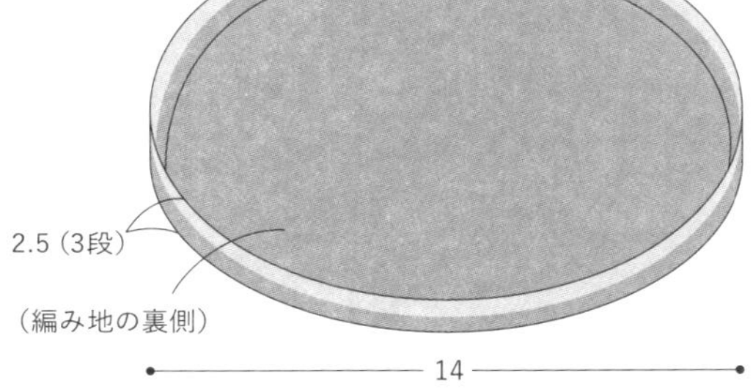

段	目数
14	66
13	66
12	66
11	66（+6）
10	60（+6）
9	54（+6）
8	48（+6）
7	42（+6）
6	36（+6）
5	30（+6）
4	24（+6）
3	18（+6）
2	12（+6）
1	6

変り筋編み（12段）

天丼

写真★p.8

★糸（使用量は指定以外は少量）
〔えび天〕ハマナカ ピッコロ クリーム色（41）、オレンジ（51）
〔ごはん〕ハマナカ ラブボニー 白（125）6g
〔丼〕ハマナカ ラブボニー 黒（120）15g
〔お新香〕ハマナカ ピッコロ レモン色（8）→ p.70
〔小皿〕ハマナカ ラブボニー オフホワイト（101）→ p.68
★用具
〔えび天、お新香〕4/0号かぎ針
〔丼、ごはん〕6/0号かぎ針
〔小皿〕5/0号かぎ針
★その他
〔えび天、ごはん〕手芸わた

えび天の衣 クリーム色（2枚）

＊編み地の裏側を表にする
5〜19段めの奇数段は3段め、
6〜18段めの偶数段は4段めと
同様に編み、20段で編終り

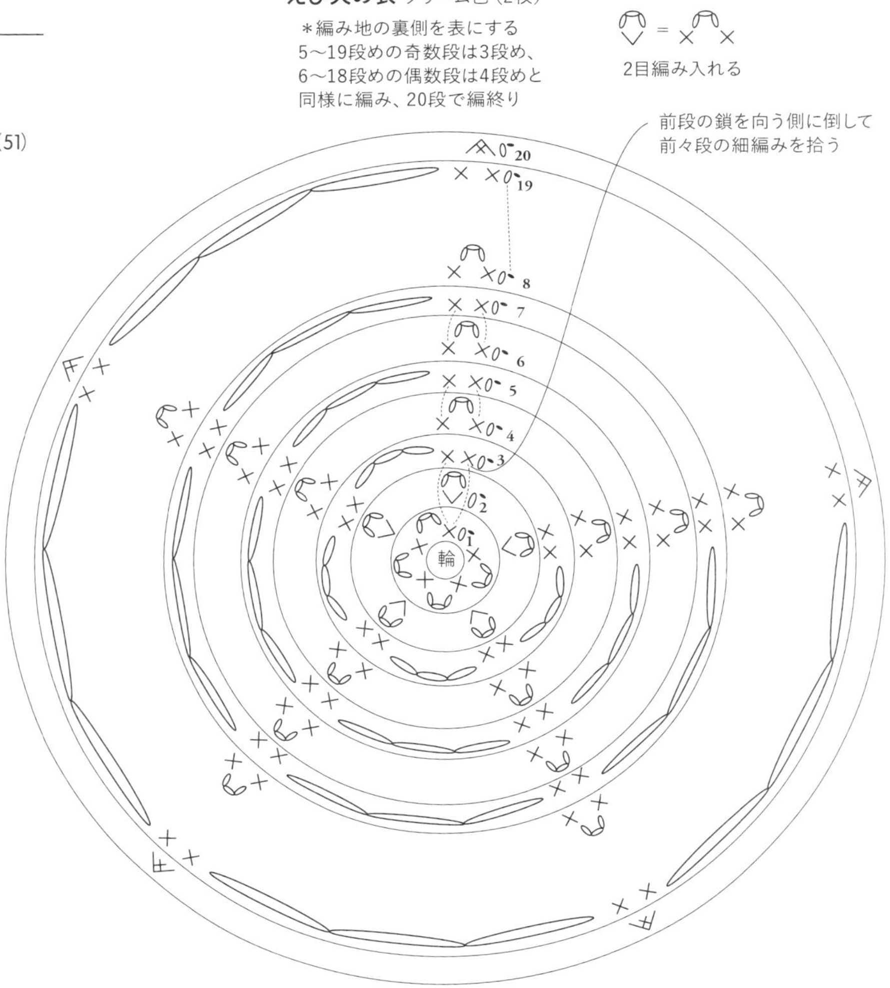

ごはん 白（1枚）

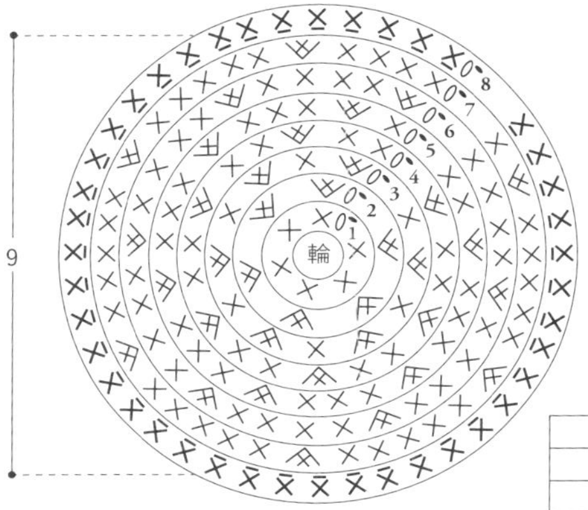

× ＝変り筋編み
鎖の手前の1本だけを
すくって細編みを編む

段	目数	
8	**42**	変り筋編み
7	42（+6）	
6	36（+6）	
5	30（+6）	
4	24（+6）	
3	18（+6）	
2	12（+6）	
1	6	

えび天のしっぽ
オレンジ（2枚）

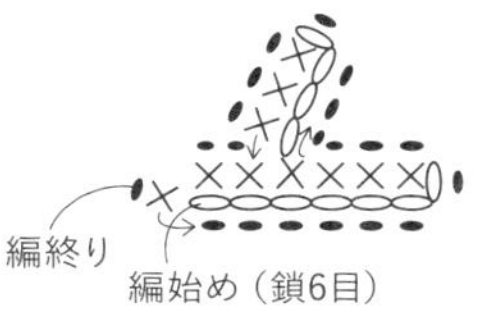

えび天の仕上げ方

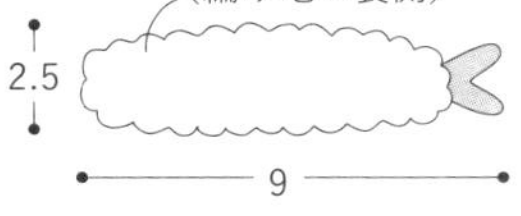

衣にわたを入れ、しっぽを差し込み
最終段の目の頭に糸を通して絞る

丼 黒（1枚）

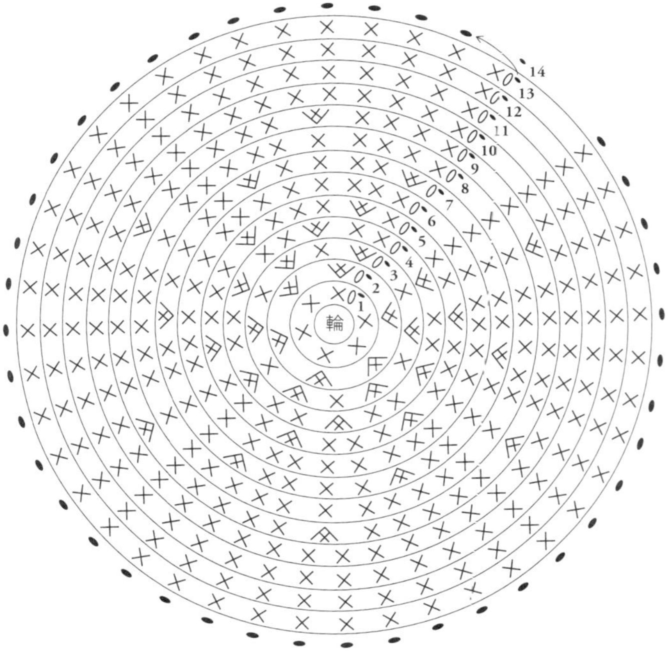

丼の高台の編み方

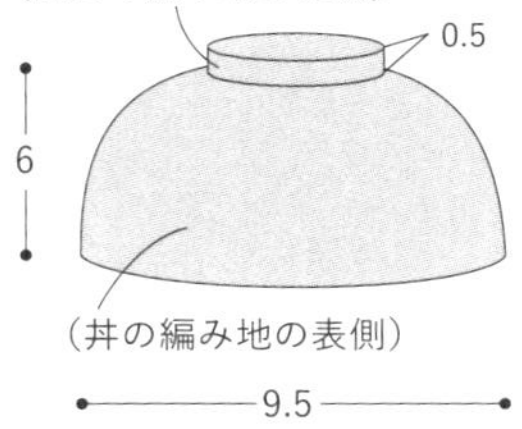

丼の3段めの細編みの柱から拾い、細編み、引抜き編みを18目編む

丼の高台 黒

段	目数	
14	**42**	引抜き編み
10～13	42	
9	42（+6）	
8	36	
7	36（+6）	
6	30	
5	30（+6）	
4	24（+6）	
3	18（+6）	
2	12（+6）	
1	6	

出来上り図

おにぎり

写真★p.9

★糸（使用量はすべて少量）
〔塩むすび〕ハマナカ ピッコロ 白（1）、ハマナカ ティノ 黒（15）
〔うめ〕ハマナカ ピッコロ 白（1）、赤（6）
〔すじこ〕ハマナカ ピッコロ 白（1）、濃オレンジ（7）、ハマナカ ティノ 黒（15）
〔天むす〕ハマナカ ピッコロ 白（1）、クリーム色（41）、オレンジ（51）、ハマナカ ティノ 黒（15）
〔焼きおにぎり〕ハマナカ ピッコロ ベージュ（16）
〔赤飯〕ハマナカ ピッコロ サーモンピンク（39）、えんじ（30）、ハマナカ ティノ 黒（15）

★用具
〔のり〕2/0号かぎ針　**〔のり以外〕**4/0号かぎ針

★その他
〔共通〕手芸わた
〔焼きおにぎり〕サインペン 茶色

のり 黒（各1枚）

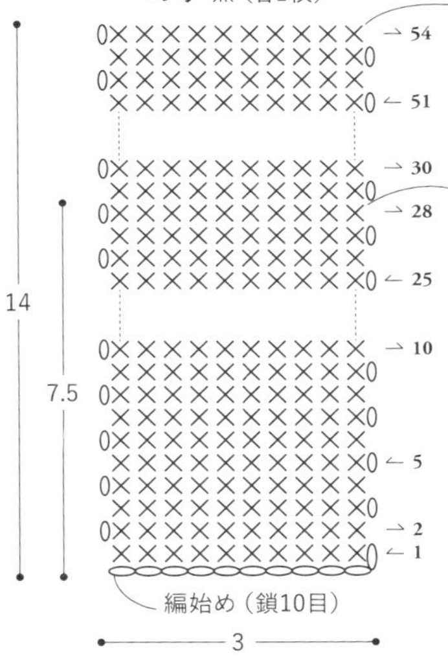

うめぼし 赤（1枚）

赤飯のあずき
えんじ（15枚）

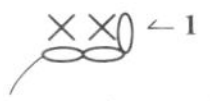

すじこ 濃オレンジ（7枚）

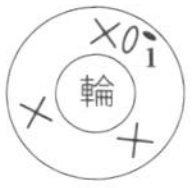

＊編終りはわたを入れず、最終段の目の頭に糸を通して絞る

塩むすび、天むす、すじこ、うめのおにぎり 白（各1枚）
焼きおにぎり ベージュ（1枚）　**赤飯のおにぎり** サーモンピンク（1枚）

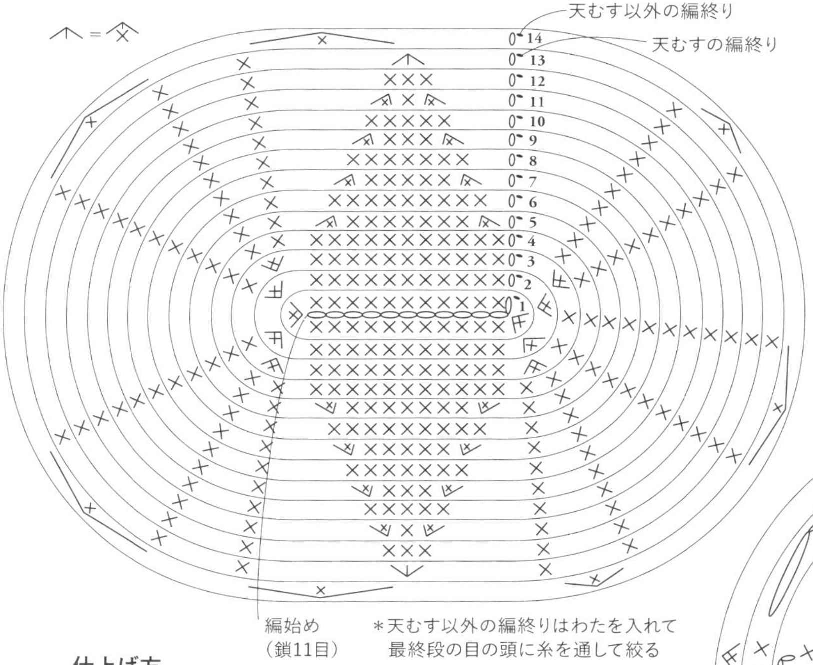

天むす以外の編終り
天むすの編終り
編始め
（鎖11目）

＊天むす以外の編終りはわたを入れて最終段の目の頭に糸を通して絞る

段	目数
14	7（−7）
13	14（−4）
12	18
11	18（−4）
10	22
9	22（−4）
8	26
7	26（−4）
6	30
5	30（−4）
4	34
3	34（+4）
2	30（+4）
1	26

←天むす編終り

えび天のしっぽ
オレンジ（1枚）

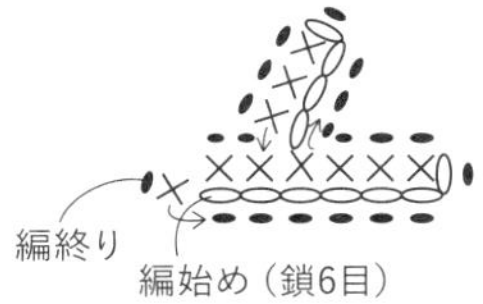

編終り
編始め（鎖6目）

えび天の衣 クリーム色（1枚）
＊編み地の裏側を表にする

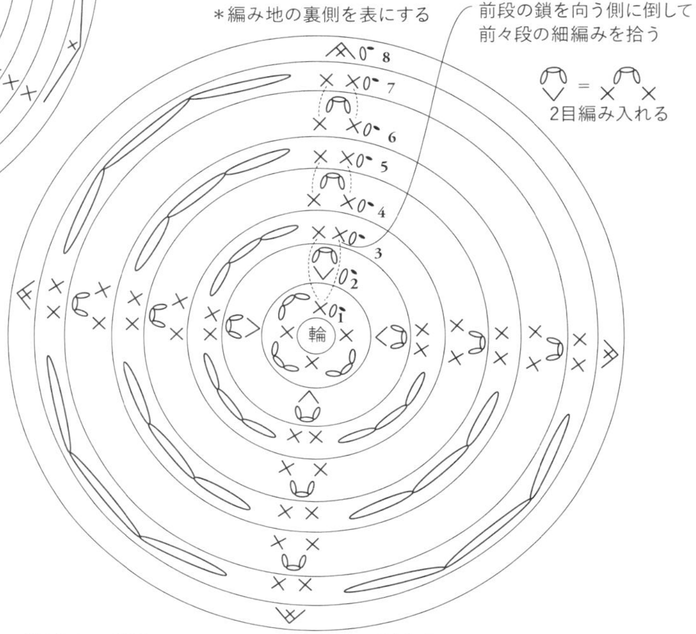

前段の鎖を向う側に倒して
前々段の細編みを拾う
2目編み入れる
輪

仕上げ方

［塩むすび］

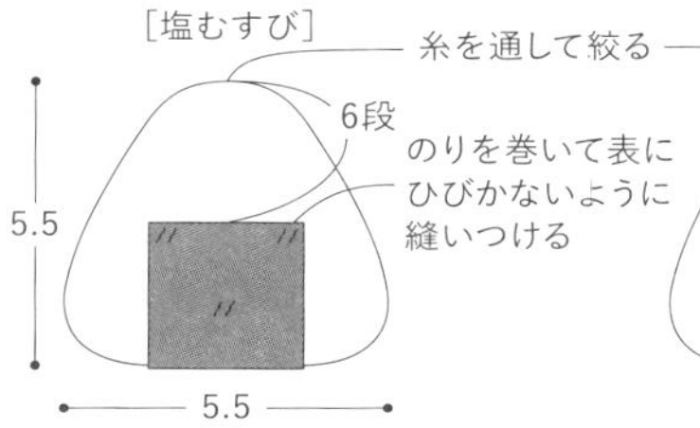

糸を通して絞る
6段
のりを巻いて表に
ひびかないように
縫いつける
5.5
5.5

［うめ］

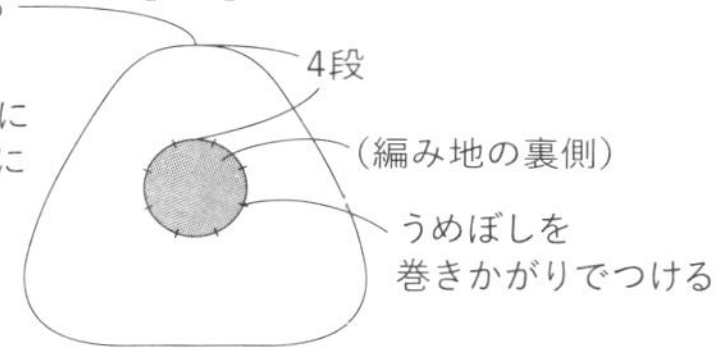

4段
（編み地の裏側）
うめぼしを
巻きかがりでつける

［すじこ］

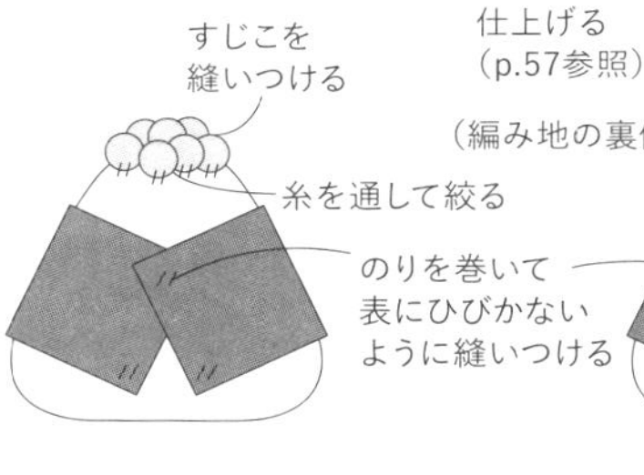

すじこを
縫いつける
糸を通して絞る
のりを巻いて
表にひびかない
ように縫いつける

［天むす］

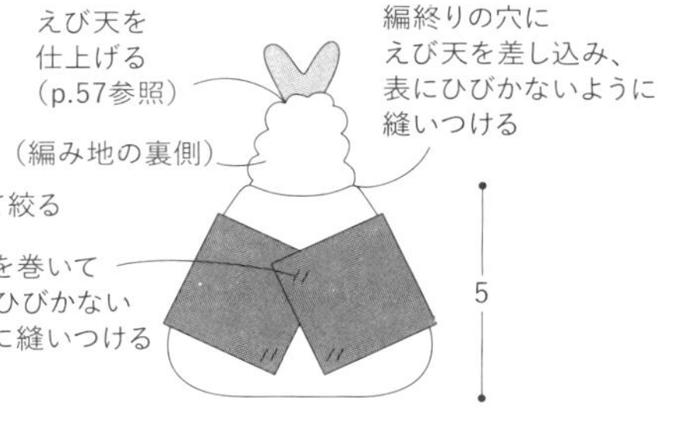

おにぎりにわたを入れ、
編終りの穴に
えび天を差し込み、
表にひびかないように
縫いつける
えび天を
仕上げる
（p.57参照）
（編み地の裏側）
5

［焼きおにぎり］

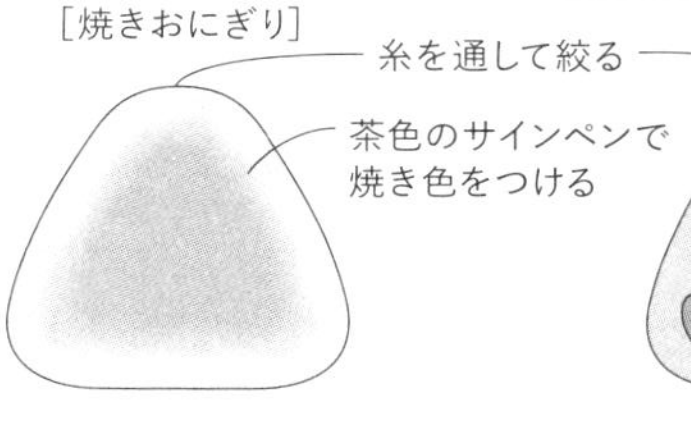

糸を通して絞る
茶色のサインペンで
焼き色をつける

［赤飯］

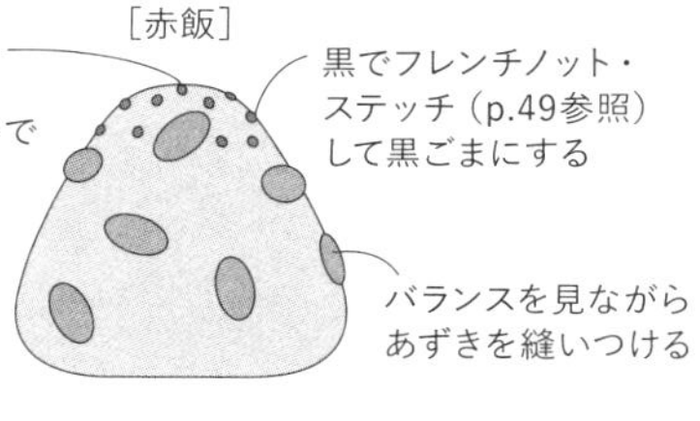

黒でフレンチノット・
ステッチ（p.49参照）
して黒ごまにする
バランスを見ながら
あずきを縫いつける

とんかつ

写真★p.10

★糸（使用量は指定以外は少量）
〔とんかつ〕 ハマナカ ピッコロ 茶色（21）18g、ベージュ（16）8g
〔レモン〕 ハマナカ ピッコロ クリーム色(41)、白(1)、レモン色(8)
〔からし〕 ハマナカ ピッコロ からし色（27）
〔キャベツ〕 ハマナカ わんぱくデニス 黄緑（53）
★用具
4/0号かぎ針
★その他
〔とんかつ、レモン〕 手芸わた

レモン（1枚）

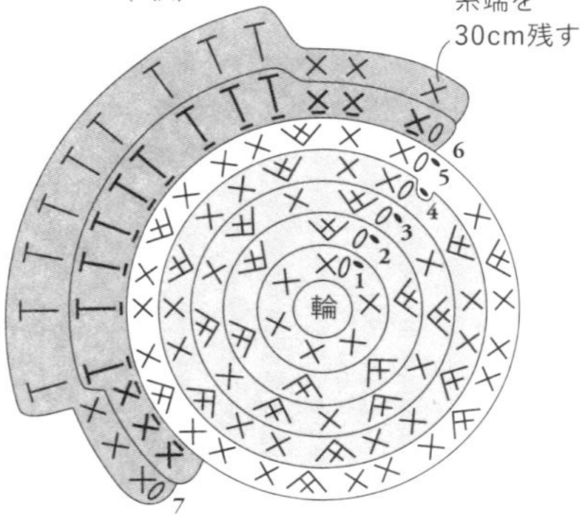

段	目数
7	15
6	15
5	30（+6）
4	24（+6）
3	18（+6）
2	12（+6）
1	6

段6・7：変り筋編み

□はクリーム色
□は白
■はレモン色

×、T ＝変り筋編み
鎖の手前の1本だけを
すくって細編み、中長編みを編む

レモンの仕上げ方

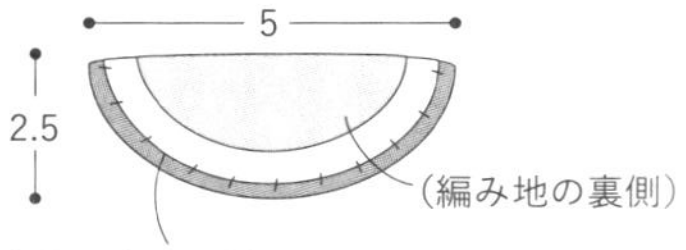

中表に半分に折り、わたを入れて
7段めの外側半目と反対側の5段めの
全目をすくってレモン色で巻きかがり

からし からし色（1枚）

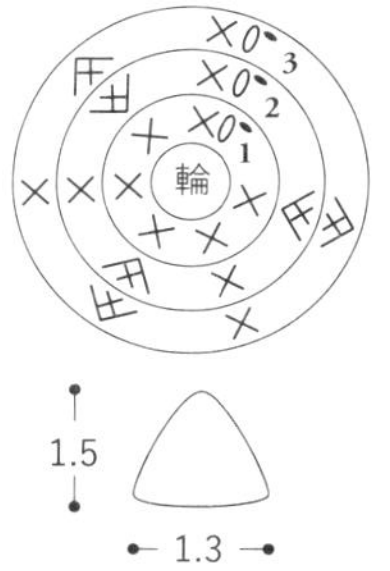

＊編終りはわたを入れずに
最終段の目の頭に
糸を通して絞る

段	目数
3	6（−3）
2	9（+3）
1	6

とんかつの端（2枚）
＊編み地の裏側を表にする

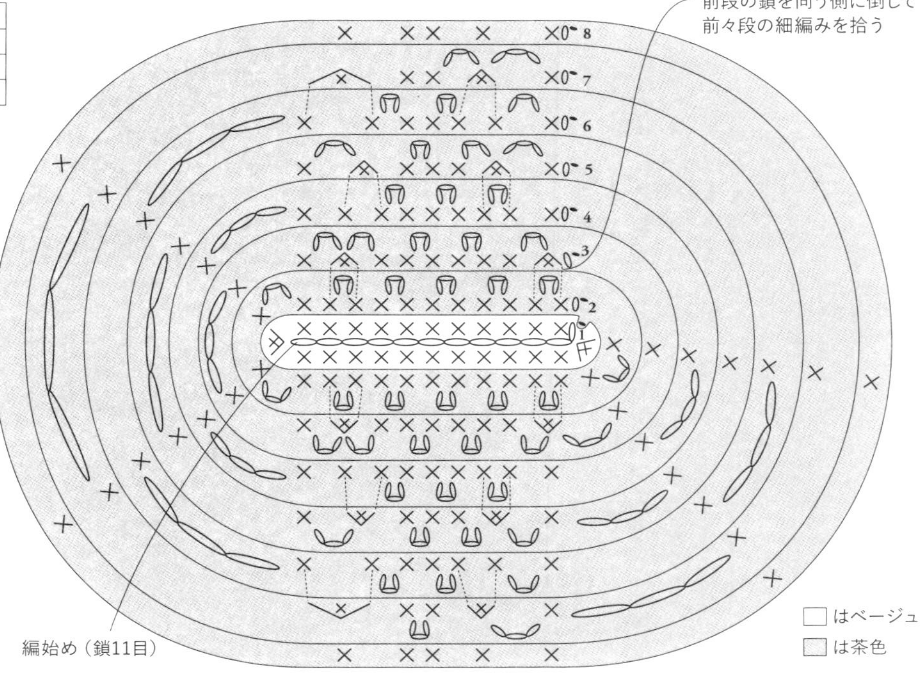

とんかつの端の仕上げ方

編終りはわたを入れて、最終段の
向かい合う目の頭を巻きかがり

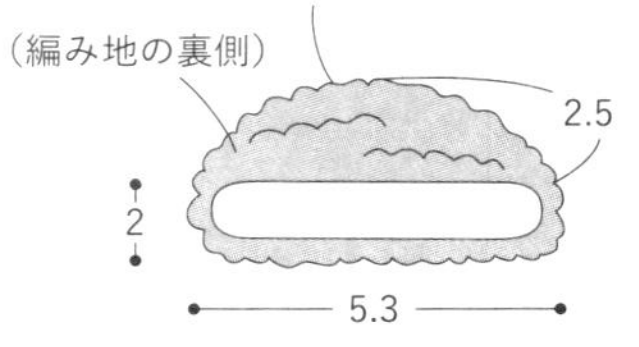

とんかつの中央衣（2枚）

＊編み地の裏側を表にする

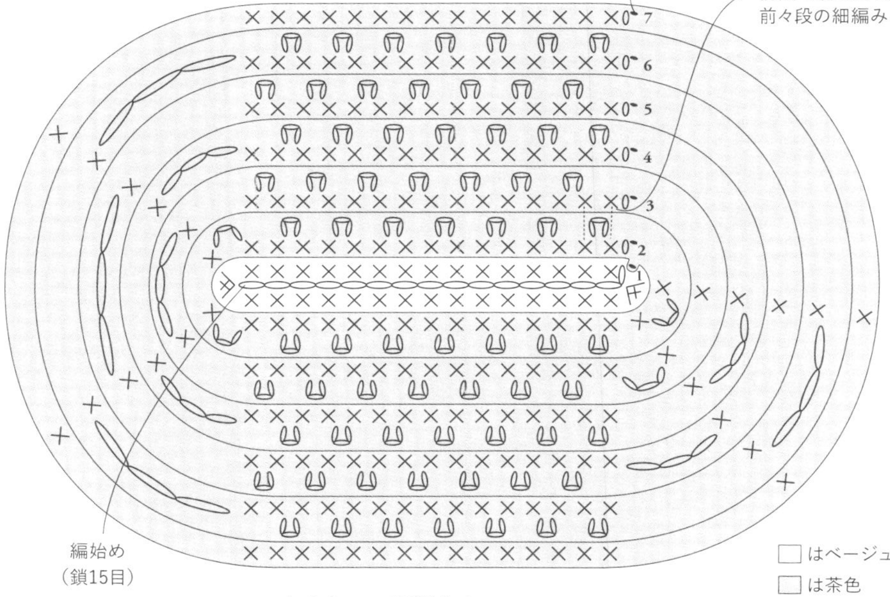

とんかつの中央切り口 ベージュ（2枚）

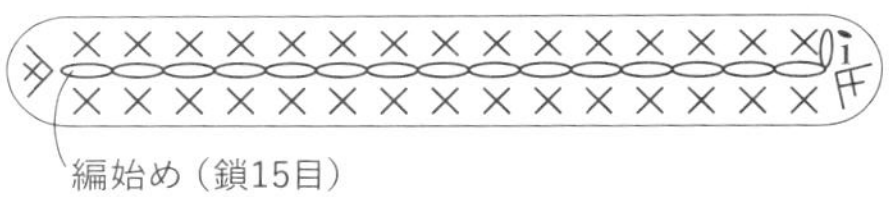

とんかつの中央の仕上げ方

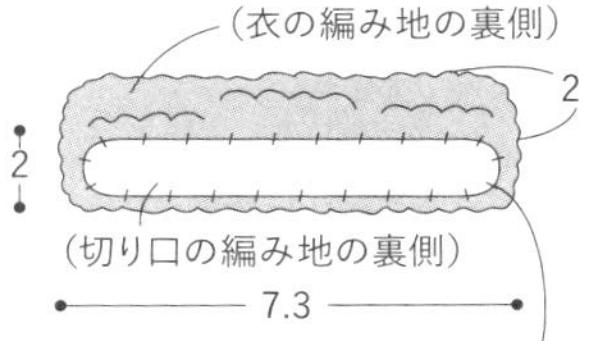

衣にわたを入れて切り口の全目と
衣の外側半目をすくって巻きかがり

□ はベージュ
□ は茶色

とんかつの間部分切り口 ベージュ（2枚）

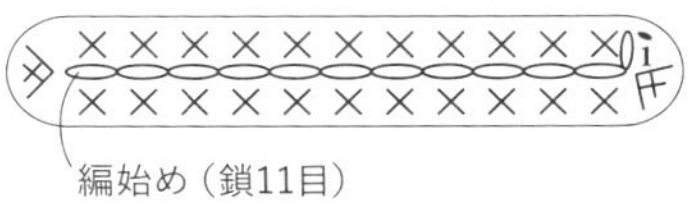

とんかつの間部分衣（2枚）

＊編み地の裏側を表にする

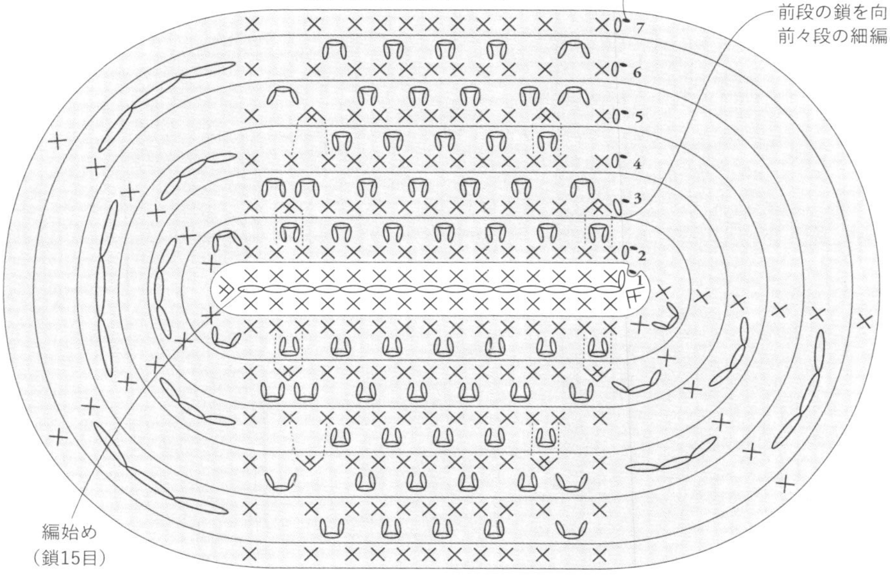

とんかつの間部分の仕上げ方

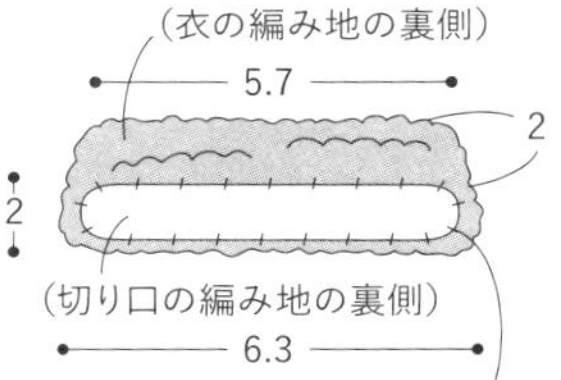

衣にわたを入れて切り口の全目と
衣の外側半目をすくって巻きかがり

出来上り図

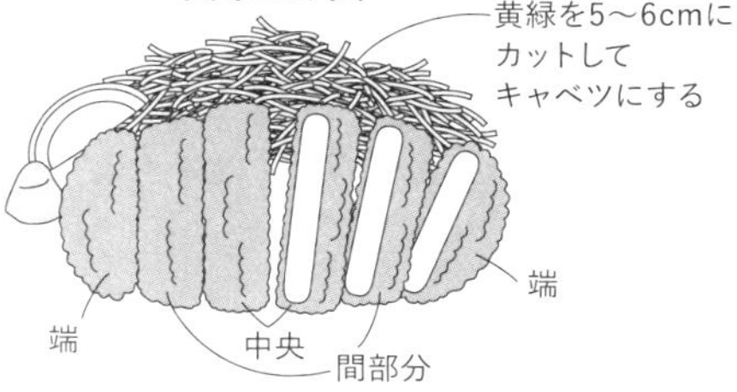

鍋焼きうどん

写真★p.14

★糸（使用量は指定以外は少量）
〔土鍋〕ハマナカ ラブボニー 茶色（122）64g
〔取り鉢〕ハマナカ ラブボニー 茶色（122）11g
〔うどん〕ハマナカ ラブボニー ベージュ（103）16g
〔かまぼこ〕ハマナカ ピッコロ 白（1）、ピンク（4）
〔えび天〕ハマナカ ピッコロ クリーム色（41）、オレンジ（51）→p.57
〔目玉焼き〕ハマナカ ピッコロ 白（1）、レモン色（8）→p.65
〔しいたけ〕ハマナカ ピッコロ ベージュ（16）、こげ茶（17）→p.71
〔花形にんじん〕ハマナカ ピッコロ 濃オレンジ（7）→p.71
〔ねぎ〕ハマナカ ピッコロ 白（1）、黄緑（9）→p.50
★用具
〔土鍋、取り鉢、うどん〕6/0号かぎ針
〔指定以外〕4/0号かぎ針
★その他
〔えび天、目玉焼き、しいたけ〕手芸わた

土鍋の本体 茶色（1枚）

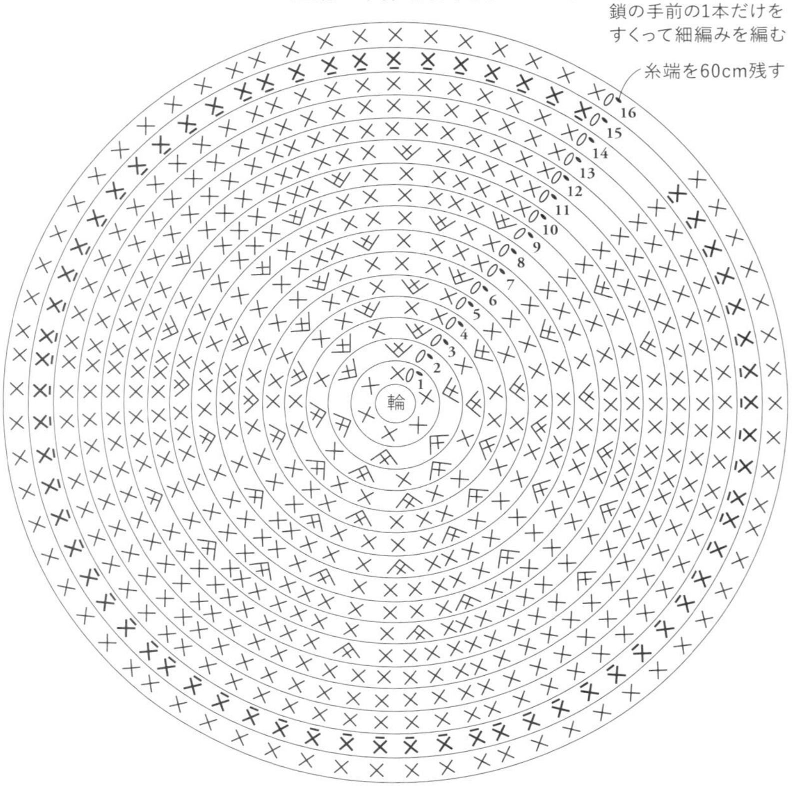

段	目数
16	66
15	**66**
12〜14	66
11	66（+6）
10	60（+6）
9	54（+6）
8	48（+6）
7	42（+6）
6	36（+6）
5	30（+6）
4	24（+6）
3	18（+6）
2	12（+6）
1	6

変り筋編み

うどん ベージュ（14本）

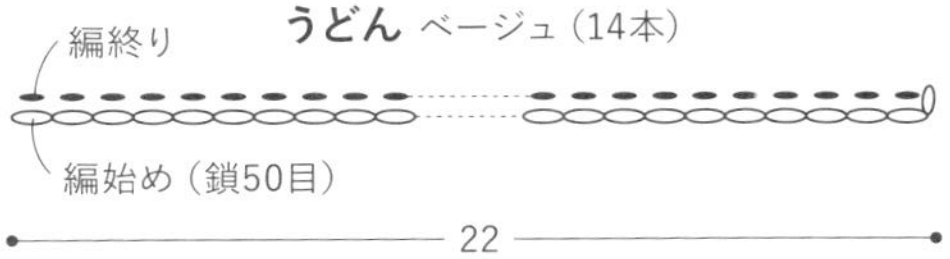

土鍋の持ち手 茶色（2枚）

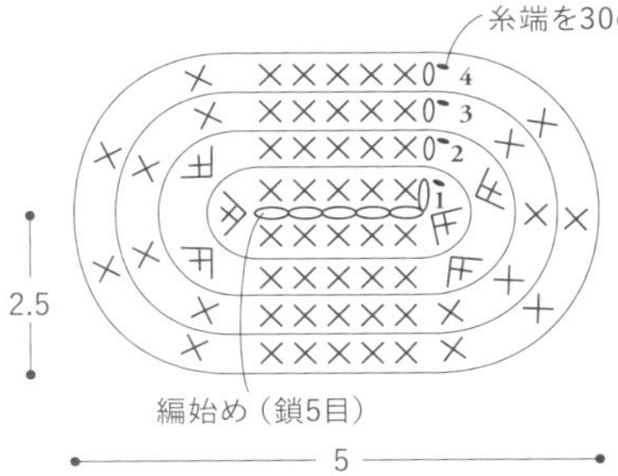

段	目数
4	18
3	18
2	18（+4）
1	14

土鍋の本体の仕上げ方

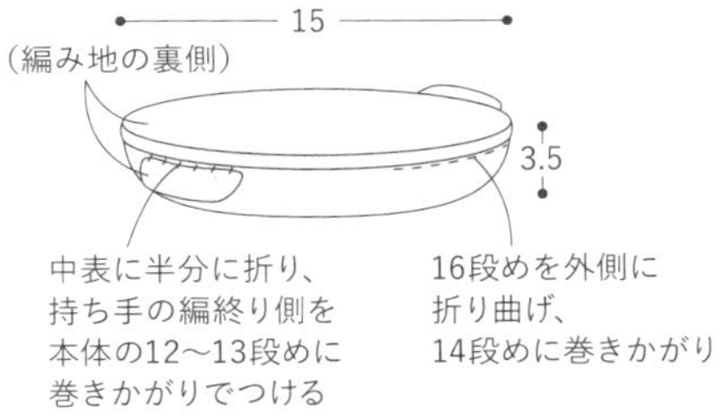

土鍋のふた（外側） 茶色（1枚）
土鍋のふた（内側） 茶色（1枚）

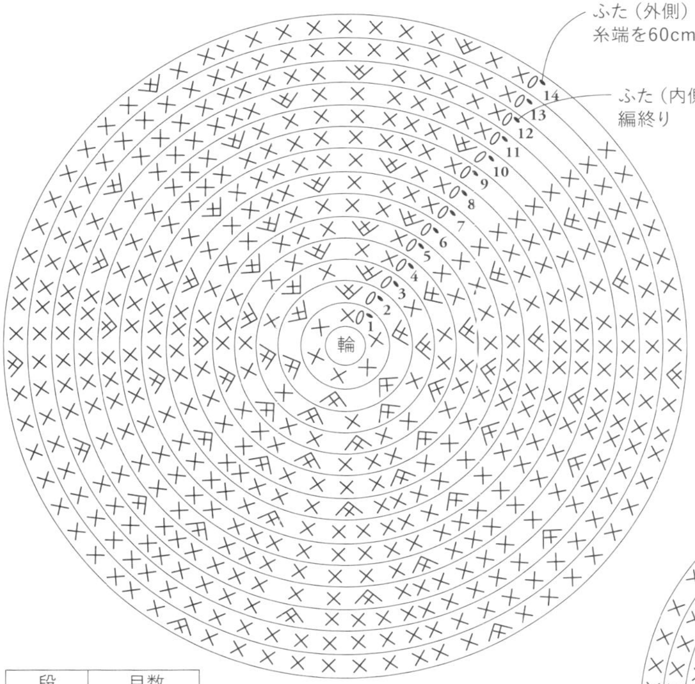

段	目数
14	72（+6）
13	66
12	66（+6）
11	60（+6）
10	54（+6）
9	48
8	48（+6）
7	42（+6）
6	36（+6）
5	30（+6）
4	24（+6）
3	18（+6）
2	12（+6）
1	6

←ふた（内側）編終り（12段）

かまぼこ（1枚）

段	目数
4	24（+6）
3	18（+6）
2	12（+6）
1	6

□は白
□はピンク

かまぼこの仕上げ方

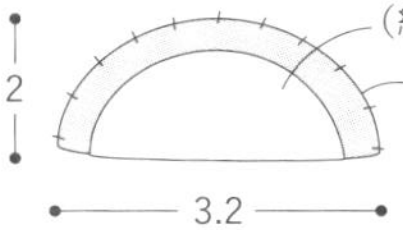

取り鉢 茶色（1枚）

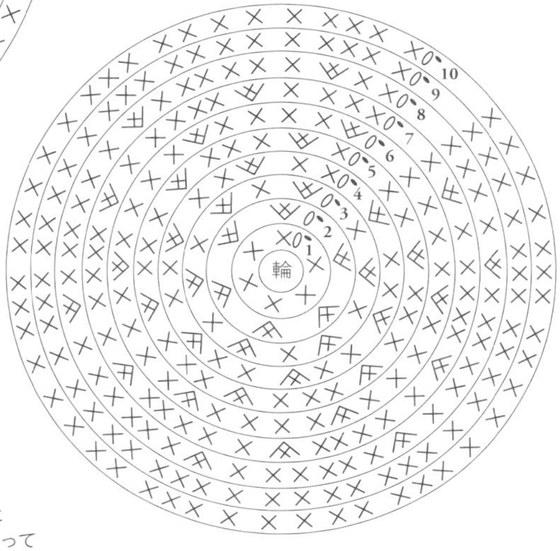

段	目数
9、10	48
8	48（+6）
7	42（+6）
6	36（+6）
5	30（+6）
4	24（+6）
3	18（+6）
2	12（+6）
1	6

ふたの取っ手の編み方、仕上げ方

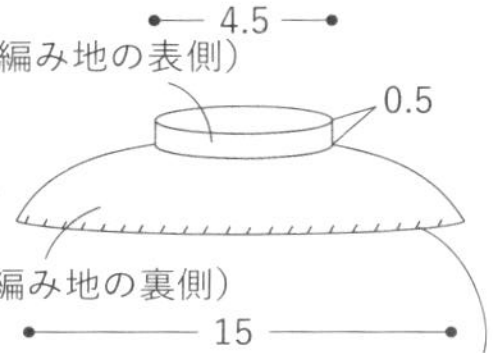

ふた（外側）の外側半目と
ふた（内側）の全目をすくって
巻きかがり

ふたの取っ手 茶色

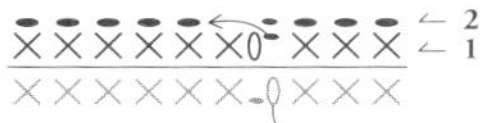

ふた（外側）の4段めの細編みの
柱から拾い、細編み、引抜き編み
を24目編む

出来上り図

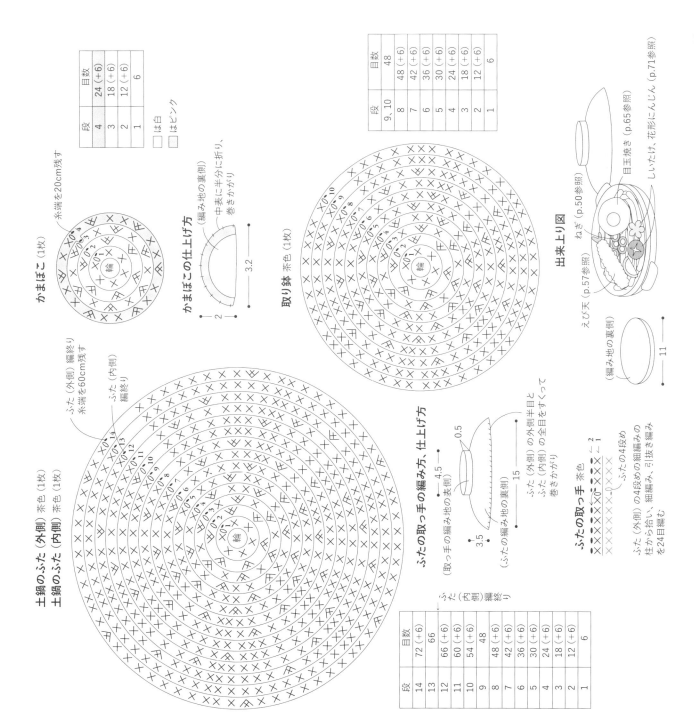

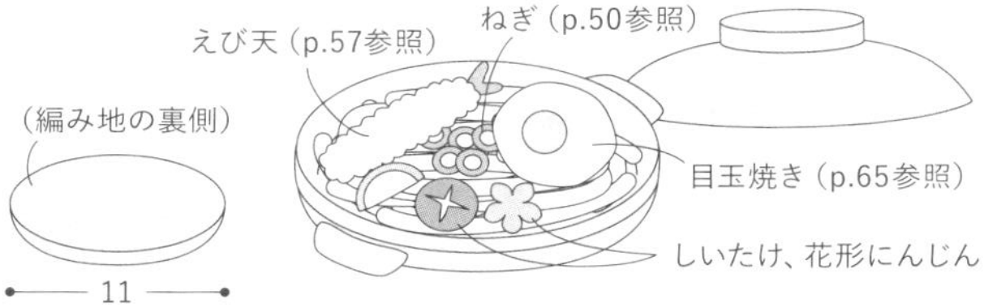

ハンバーグプレート3種

写真★p.16,17

★糸（使用量は指定以外は少量）
〔ハンバーグ〕ハマナカ ピッコロ こげ茶（17）7g
〔鉄板〕ハマナカ ラブボニー 黒（120）12g
〔トレイ〕ハマナカ ボニー 茶色（480）15g
〔フォークとナイフ〕ハマナカ ウオッシュコットン《クロッシェ》グレー（132）
〔目玉焼き〕ハマナカ ピッコロ 白（1）、レモン色（8）
〔パセリ〕ハマナカ ピッコロ 緑（24）
〔にんじん〕ハマナカ ピッコロ オレンジ（51）
〔ミニトマト〕ハマナカ ピッコロ 赤（6）、緑（24）
〔ミックスベジタブル〕ハマナカ ピッコロ レモン色（8）、黄緑（9）、オレンジ（51）
〔レタス〕ハマナカ わんぱくデニス 黄緑（53）
〔ブロッコリー〕ハマナカ ピッコロ 緑（24）、黄緑（9）
〔フライドポテト〕ハマナカ ピッコロ クリーム色（41）→p.48
〔チーズ〕ハマナカ ピッコロ 黄色（42）→p.42
〔えびフライ〕ハマナカ ピッコロ 茶色（21）、濃オレンジ（7）
〔レモン〕ハマナカ ピッコロ クリーム色（41）、白（1）、レモン色（8）→p.60
〔れんこん〕ハマナカ ピッコロ ベージュ（16）→p.71
〔絹さや〕ハマナカ ピッコロ 黄緑（9）→p.71
〔かぼちゃ〕ハマナカ ピッコロ 青緑（10）、山吹色（25）→p.71
〔ゆでたまご〕ハマナカ ピッコロ オフホワイト（2）、レモン色（8）→p.50

★用具
〔鉄板〕6/0号かぎ針
〔トレイ〕8/0号かぎ針
〔フォークとナイフ、ミニトマト〕3/0号かぎ針
〔レタス〕5/0号かぎ針
〔指定以外〕4/0号かぎ針

★その他
〔ハンバーグ、目玉焼き、にんじん、ミニトマト、ブロッコリー、えびフライ、レモン、かぼちゃ、ゆでたまご、大根おろし〕手芸わた

ハンバーグ こげ茶（1枚）
鉄板 黒（1枚）

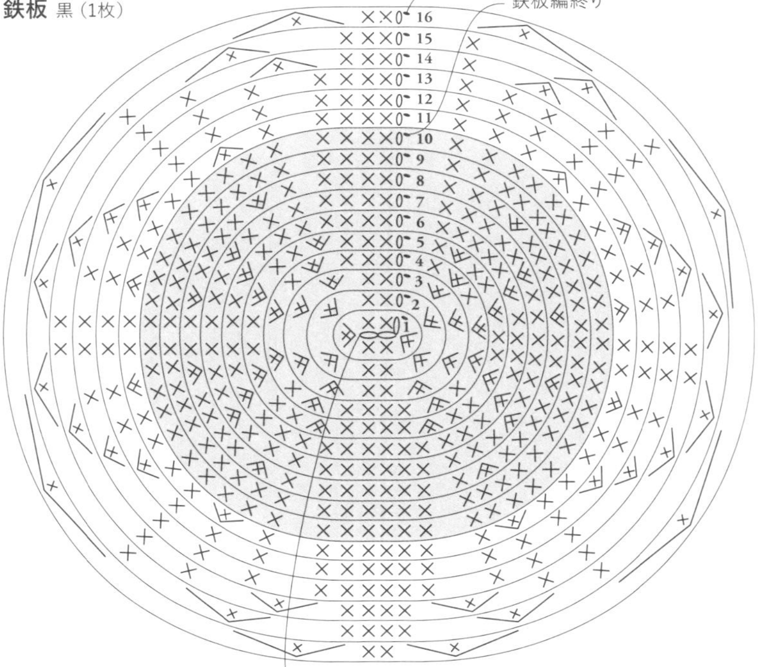

＊ハンバーグは編み地の裏側を表にし、編終りはわたを入れて最終段の目の頭に糸を通して絞る

段	目数
16	12（−8）
15	20（−8）
14	28（−8）
13	36（−4）
12	40（−4）
11	44（−8）
10	52
9	52
8	52（+8）
7	44（+4）
6	40（+4）
5	36（+8）
4	28（+8）
3	20（+8）
2	12（+4）
1	8

←鉄板編終り（10段）

パセリ 緑（4枚）

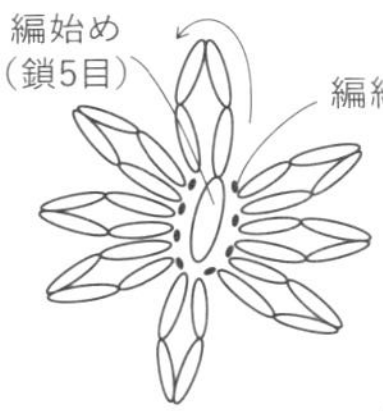

パセリの仕上げ方

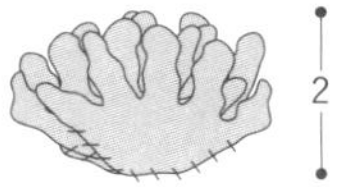

4枚編んだら、根もとを縫い合わせてパセリの形にする

目玉焼きの白身 白（1枚）

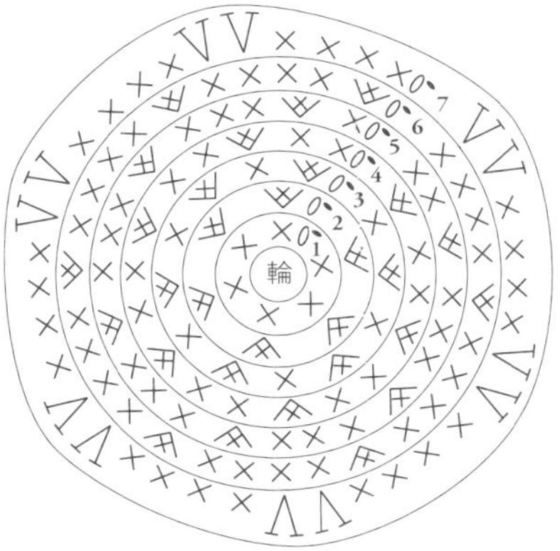

段	目数
7	48（+12）
6	36（+6）
5	30（+6）
4	24（+6）
3	18（+6）
2	12（+6）
1	6

目玉焼きの仕上げ方

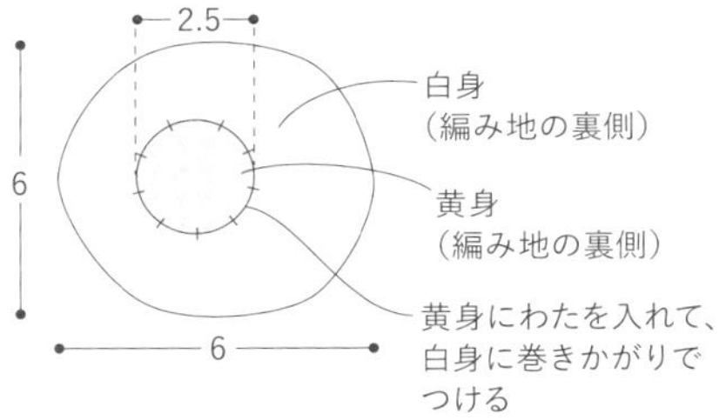

目玉焼きの黄身 レモン色（1枚）

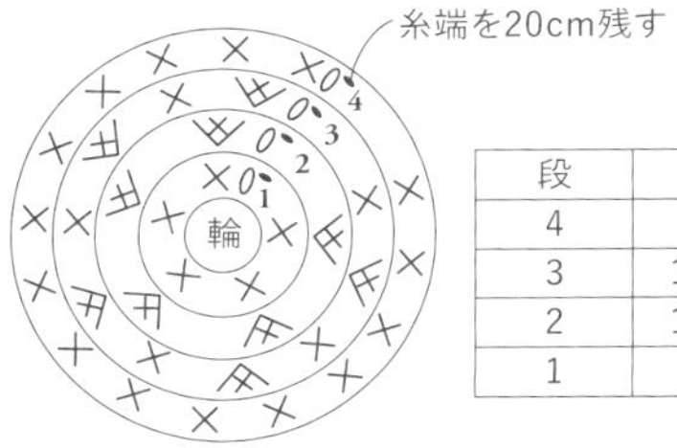

段	目数
4	15
3	15（+5）
2	10（+5）
1	5

トレイ 茶色（1枚）

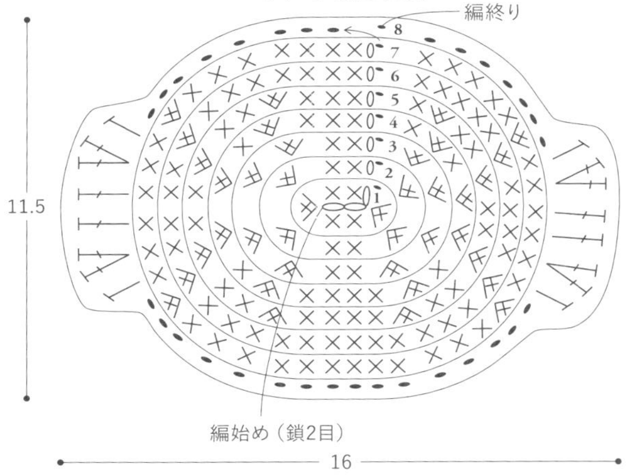

段	目数
8	図参照
7	44（+4）
6	40（+4）
5	36（+8）
4	28（+8）
3	20（+8）
2	12（+4）
1	8

フォークとナイフの仕上げ方

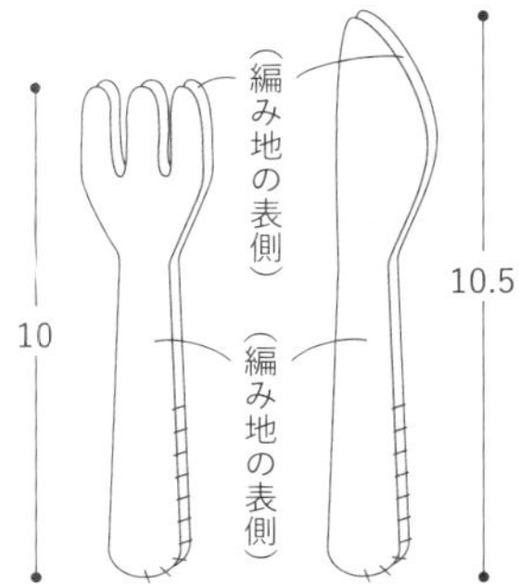

それぞれ2枚ずつ編み、重ねて巻きかがり

フォーク

グレー（2枚）

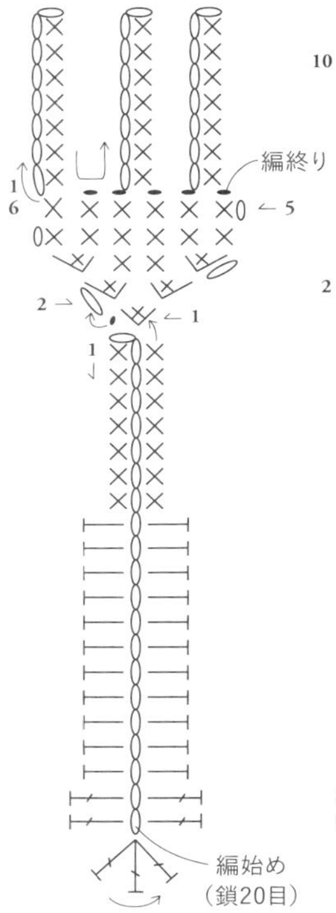

ナイフ

グレー（2枚）

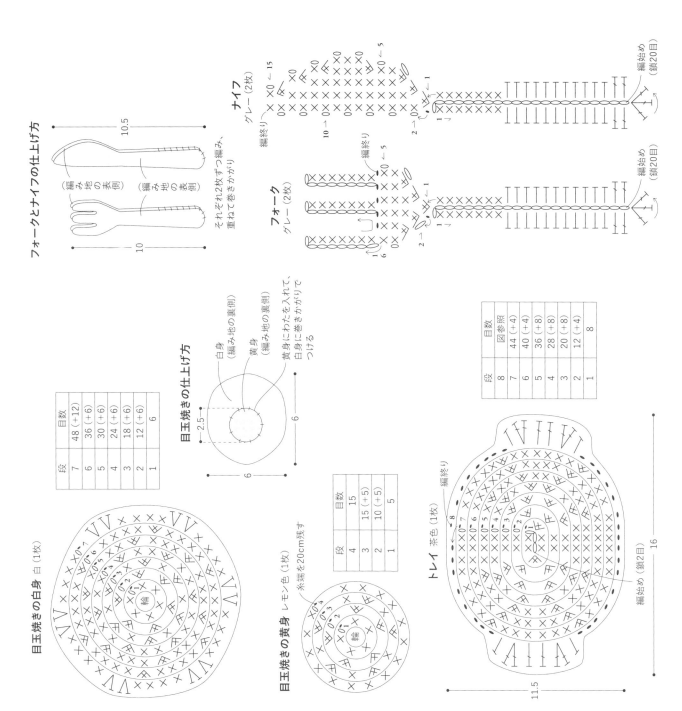

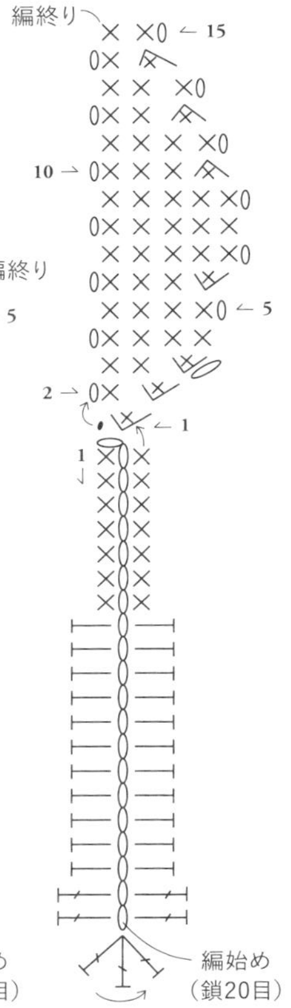

にんじん オレンジ（2枚）

＊編み地の裏側を表にする
＊編終りはわたを入れて最終段の目の頭に糸を通して絞る

段	目数
4	**6（−6）**
3	**12**
2	12（+6）
1	6

段4・3：変り筋編み

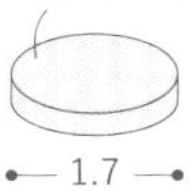

✕（下線付き）＝変り筋編み
鎖の手前の1本だけをすくって細編みを編む

〈変り筋編み2目一度の記号〉＝変り筋編み2目一度
鎖の手前の1本だけをすくって細編み2目一度を編む

ミニトマト 赤（1枚）

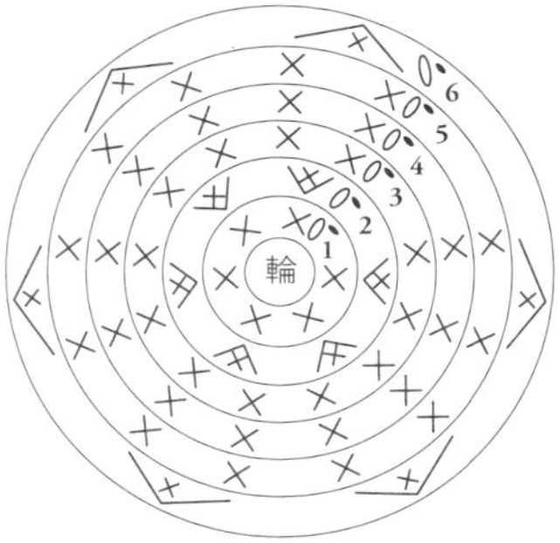

＊編終りはわたを入れて最終段の目の頭に糸を通して絞る

段	目数
6	6（−6）
3〜5	12
2	12（+6）
1	6

ミニトマトのへた 緑（1枚）

ミニトマトの仕上げ方

ミックスベジタブル

＊編み地の裏側を表にする
＊編終りは、コーン、グリーンピースは最終段の向かい合う目の頭を巻きかがり
にんじんは最終段の目の頭に糸を通して絞る

［コーン］
レモン色（8枚）

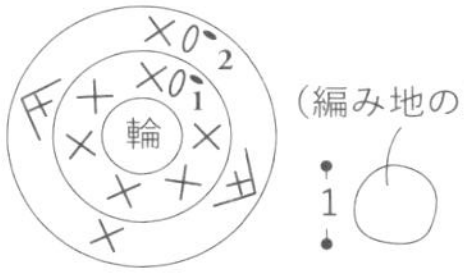

段	目数
2	4（−2）
1	6

［にんじん］
オレンジ（2枚）

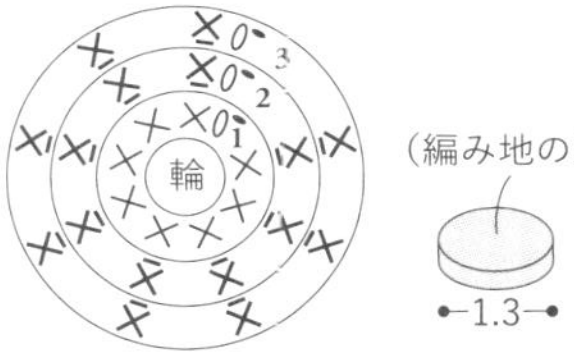

✕（下線付き）＝変り筋編み
鎖の手前の1本だけをすくって細編みを編む

［グリーンピース］
黄緑（3枚）

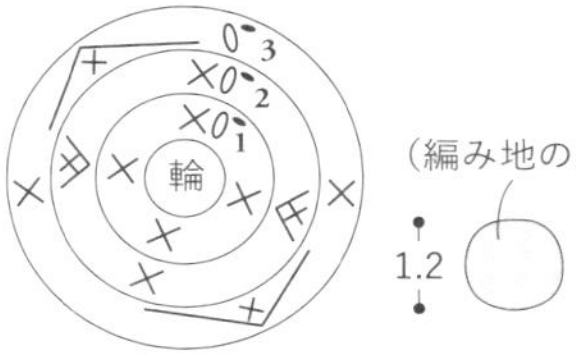

段	目数
3	4（−2）
2	6（+2）
1	4

レタス 黄緑（2枚）

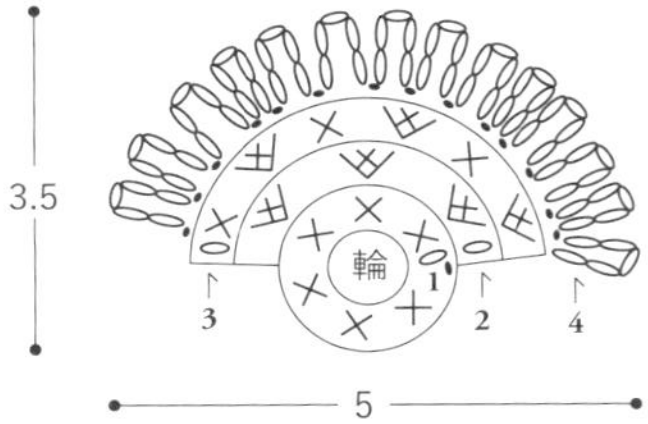

ブロッコリーの房 緑（1枚）

＊編み地の裏側を表にする

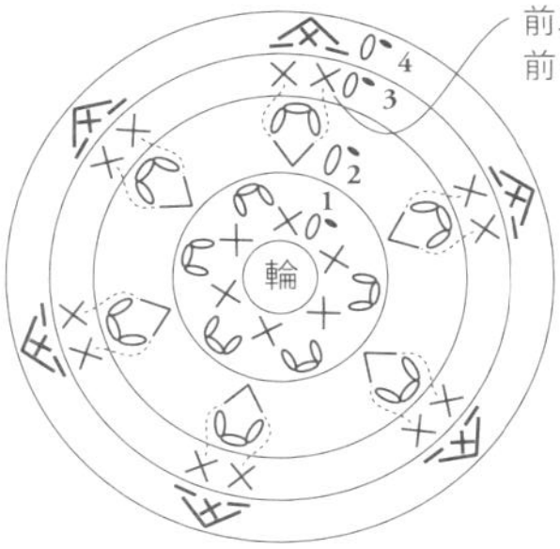

〈記号〉＝ ✕ ✕ 2目編み入れる

✕（下線付き）＝変り筋編み
鎖の手前の1本だけをすくって細編みを編む

〈変り筋編み2目一度の記号〉＝変り筋編み2目一度
鎖の手前の1本だけをすくって細編み2目一度を編む

ブロッコリーの茎

黄緑（1枚）

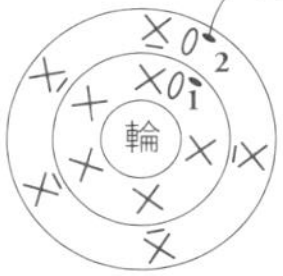

ブロッコリーの仕上げ方

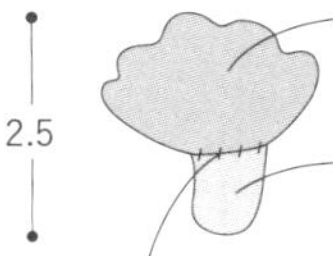

房と茎にわたを入れて、
編終りどうしを突き合わせて巻きかがり

えびフライの衣
茶色（2枚）

＊編み地の裏側を表にする
5〜13段めの奇数段は3段め、
6〜12段めの偶数段は4段めと
同様に編み、14段で編終り

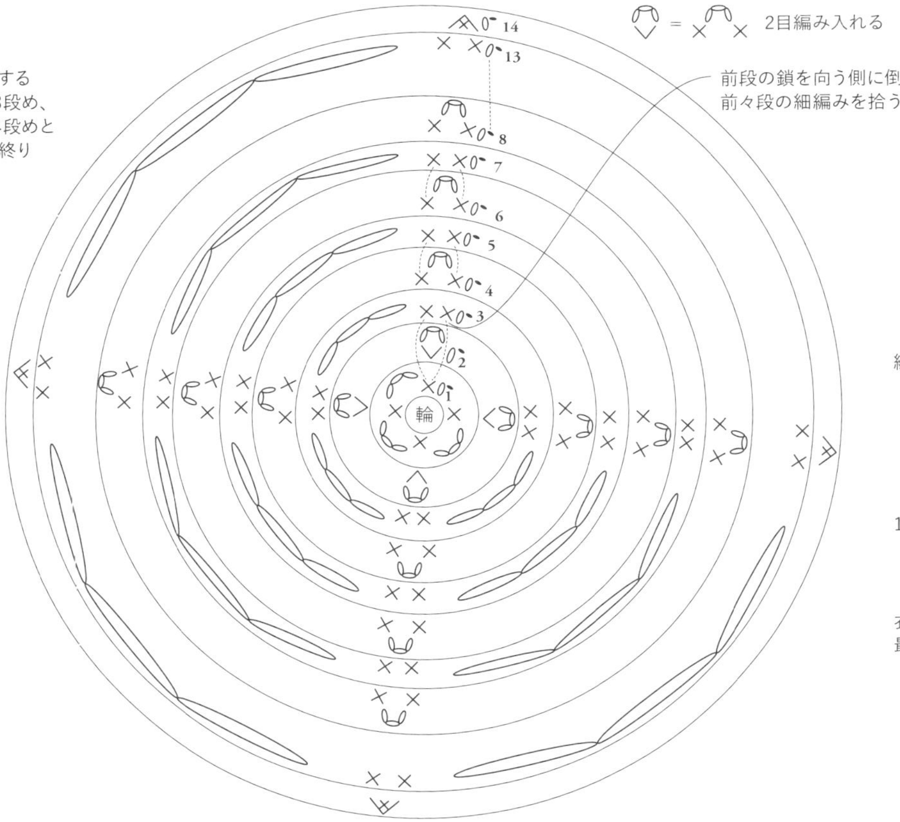

2目編み入れる
前段の鎖を向う側に倒して
前々段の細編みを拾う
輪

えびフライのしっぽ
濃オレンジ（2枚）

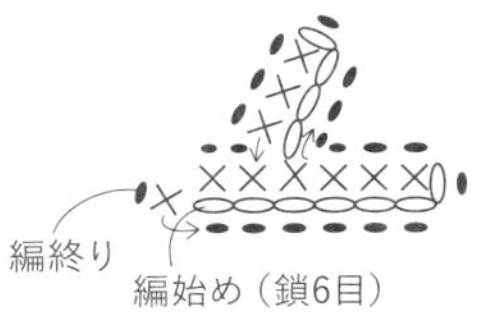

編終り
編始め（鎖6目）

えびフライの仕上げ方

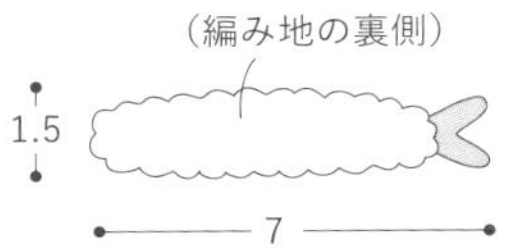

（編み地の裏側）
1.5
7

衣にわたを入れ、しっぽを差し込み
最終段の目の頭に糸を通して絞る

出来上り図

［目玉焼きハンバーグ］

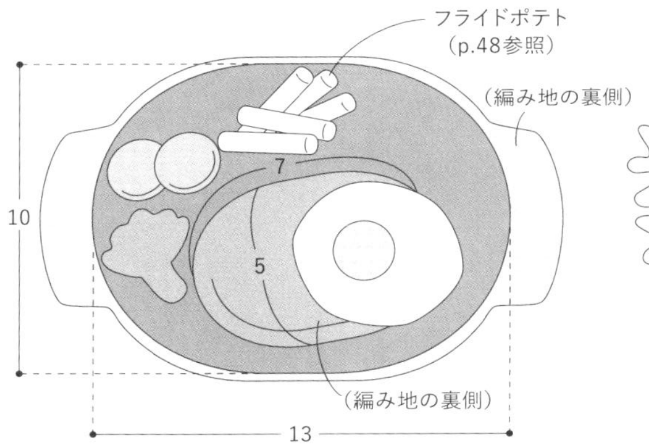

フライドポテト
（p.48参照）
（編み地の裏側）
7
5
10
（編み地の裏側）
13

［チーズハンバーグ＆えびフライ］

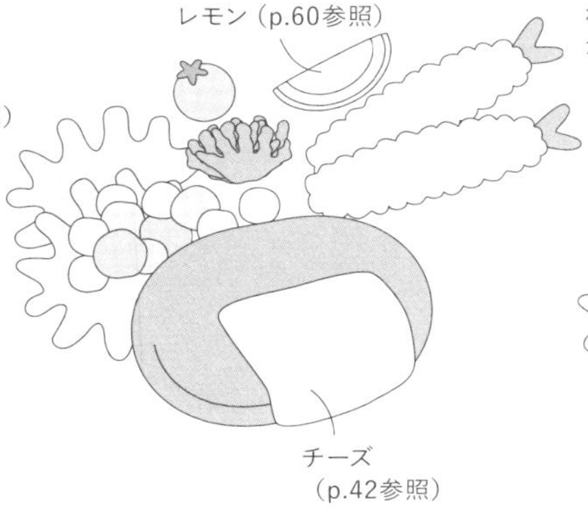

レモン（p.60参照）
チーズ
（p.42参照）

［おろしハンバーグ］

れんこん、絹さや、
かぼちゃ（p.71参照）
ゆでたまご
（p.50参照）
フライドポテト
（p.48参照）
わたを置いて
大根おろしにする

昼定食

写真★p.18,19

★糸（使用量は指定以外は少量）
〔丸皿〕ハマナカ ラブボニー オフホワイト（101）12g
〔小鉢〕ハマナカ ラブボニー 杢ベージュ（136）、茶色（122）各 5g
〔小皿〕ハマナカ ラブボニー オフホワイト（101）
〔角皿〕ハマナカ ラブボニー 黒（120）8g
〔茶碗〕ハマナカ ラブボニー 杢茶（137）12g
〔ごはん〕ハマナカ ラブボニー 白（125）6g
〔みそ汁椀〕ハマナカ エクシードウールL《並太》赤（835）8g
〔みそ汁〕ハマナカ エクシードウールL《並太》 茶色（833）、オフホワイト（801）、ハマナカ ピッコロ 深緑（35）、黄緑（9）
〔ハム〕ハマナカ ピッコロ 薄ピンク（40）
〔お新香〕ハマナカ ピッコロ レモン色（8）
〔花形にんじん〕ハマナカ ピッコロ 濃オレンジ（7）
〔れんこん〕ハマナカ ピッコロ ベージュ（16）
〔しいたけ〕ハマナカ ピッコロ ベージュ（16）、こげ茶（17）
〔かぼちゃ〕ハマナカ ピッコロ 青緑（10）、山吹色（25）
〔こんにゃく〕ハマナカ ピッコロ 濃グレー（50）
〔絹さや〕ハマナカ ピッコロ 黄緑（9）
〔鮭の塩焼き〕ハマナカ ピッコロ 薄グレー（33）、アプリコット（28）
〔ひじきの煮つけ〕ハマナカ ピッコロ 黒（20）、ベージュ（16）、濃オレンジ（7）
〔厚焼きたまご〕ハマナカ ピッコロ 黄色（42）、オフホワイト（2）→p.75
〔目玉焼き〕ハマナカ ピッコロ 白（1）、レモン色（8）→p.65
〔えびフライ〕ハマナカ ピッコロ 茶色（21）、濃オレンジ（7）→p.67
〔レモン〕ハマナカ ピッコロ クリーム色（41）、白（1）、レモン色（8）→p.60
〔パセリ〕ハマナカ ピッコロ 緑（24）→p.64
〔レタス〕ハマナカ わんぱくデニス 黄緑（53）→p.66

★用具
〔丸皿、小鉢、角皿、茶碗、ごはん〕6/0号かぎ針
〔小皿、みそ汁椀、みそ汁、レタス〕5/0号かぎ針
〔指定以外〕4/0号かぎ針

★その他
〔ごはん、みそ汁、しいたけ、かぼちゃ、こんにゃく、絹さや、目玉焼き、えびフライ、レモン、大根おろし〕手芸わた
〔みそ汁〕手芸用ボンド

丸皿 オフホワイト（1枚）

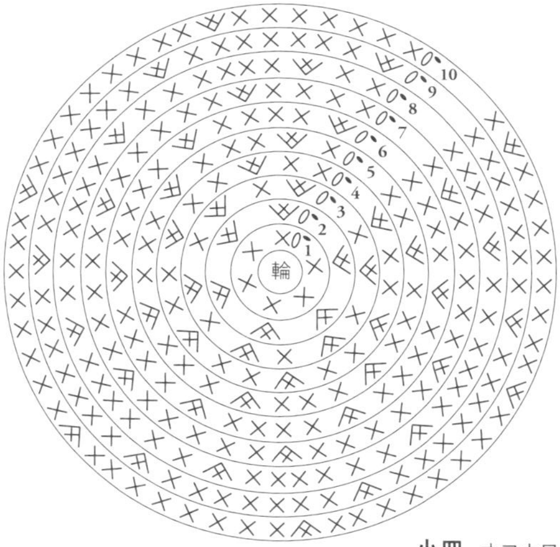

段	目数
10	60（+6）
9	54（+6）
8	48（+6）
7	42（+6）
6	36（+6）
5	30（+6）
4	24（+6）
3	18（+6）
2	12（+6）
1	6

小皿 オフホワイト（1枚）
小鉢 杢ベージュ、茶色（各1枚）

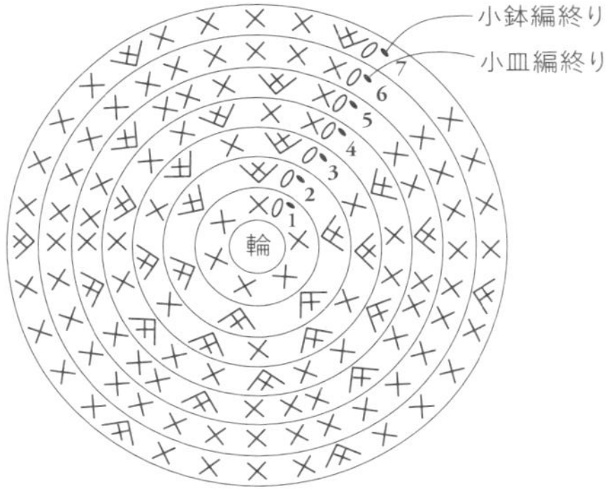

段	目数
7	36（+6）
6	30
5	30（+6）
4	24（+6）
3	18（+6）
2	12（+6）
1	6

←小皿編終り

角皿 黒（1枚）

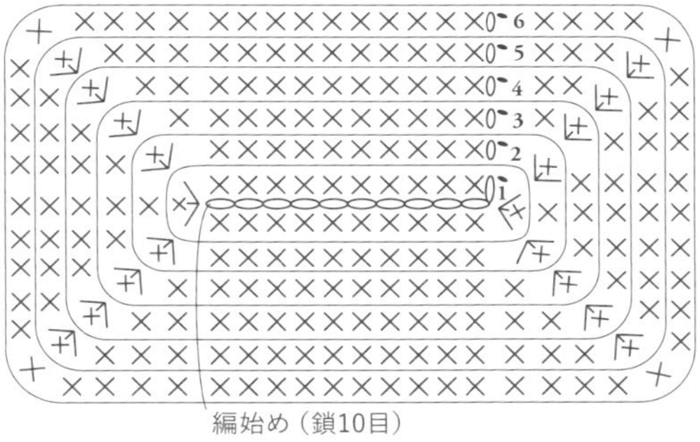

段	目数
6	58
5	58（+8）
4	50（+8）
3	42（+8）
2	34（+8）
1	26

茶碗 杢茶（1枚）

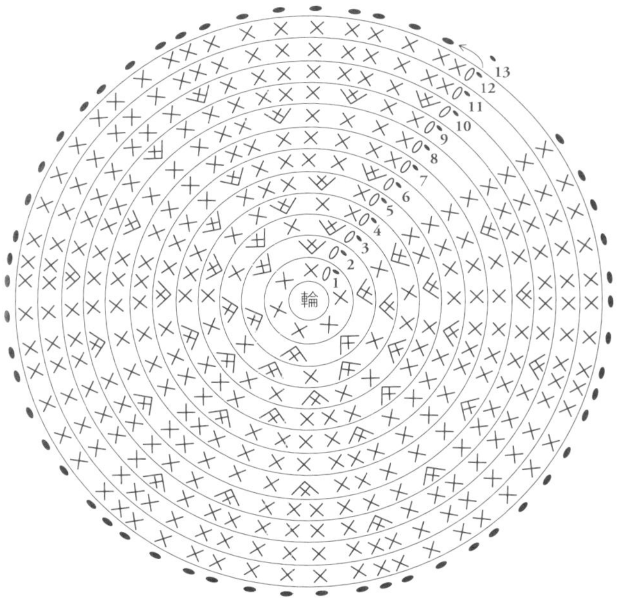

段	目数	
13	**54**	引抜き編み
11、12	54	
10	54（+6）	
9	48（+6）	
8	42（+6）	
7	36	
6	36（+6）	
5	30（+6）	
4	24（+6）	
3	18（+6）	
2	12（+6）	
1	6	

出来上り図

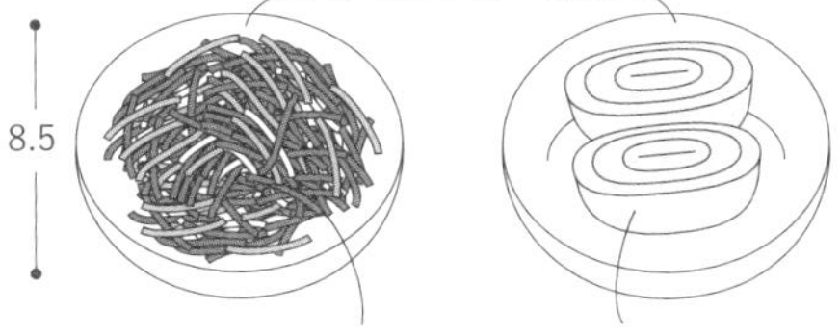

茶碗の高台の編み方

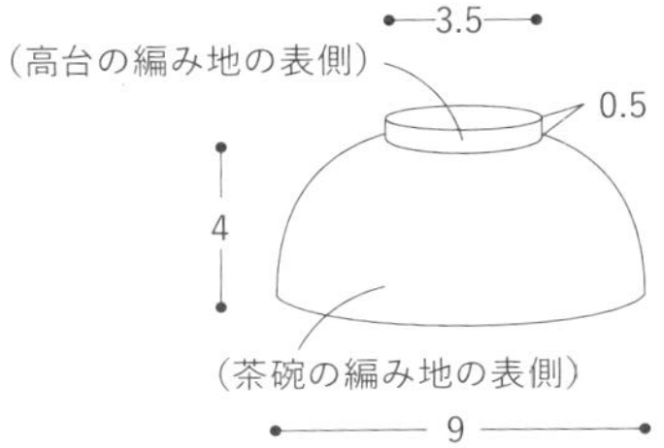

茶碗の高台 杢茶

茶碗の3段めの細編みの
柱から拾い、
細編み18目を2段編む

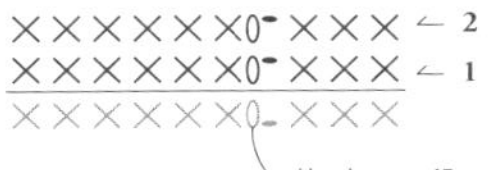

ごはんの出来上り図

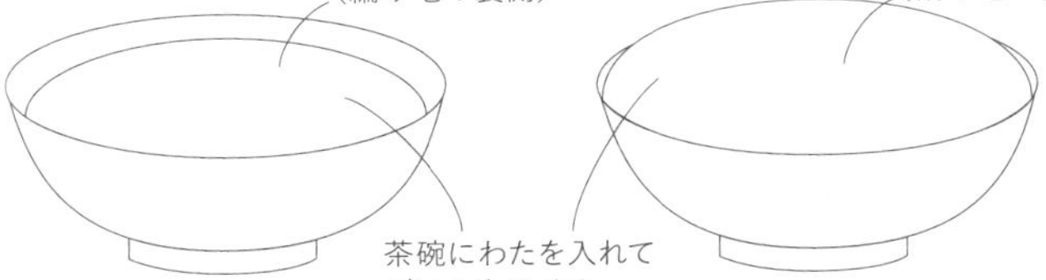

ごはん 白（1枚）

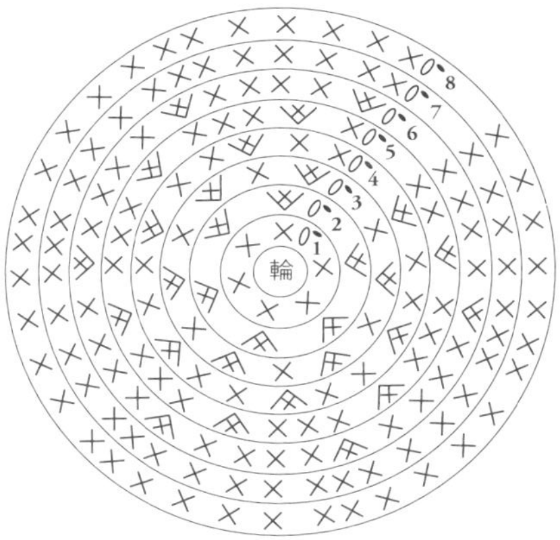

段	目数
7、8	36
6	36（+6）
5	30（+6）
4	24（+6）
3	18（+6）
2	12（+6）
1	6

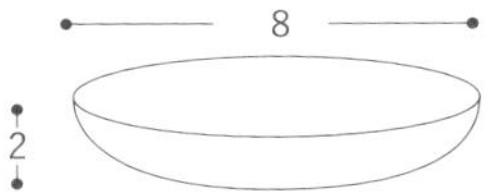

＊普通盛りは、編み地の裏側を表にする
＊大盛りは、編み地の表側を表にする

みそ汁椀 赤（1枚）

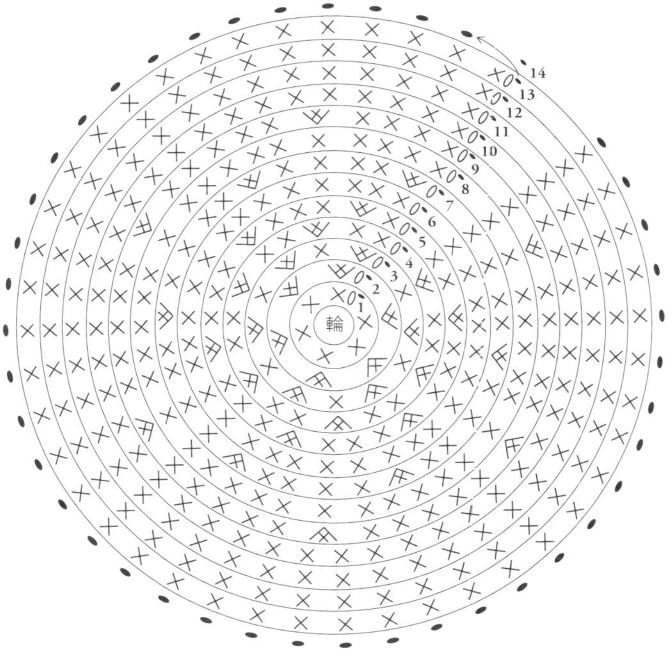

段	目数	
14	**42**	引抜き編み
10〜13	42	
9	42（+6）	
8	36	
7	36（+6）	
6	30	
5	30（+6）	
4	24（+6）	
3	18（+6）	
2	12（+6）	
1	6	

みそ汁椀の高台の編み方

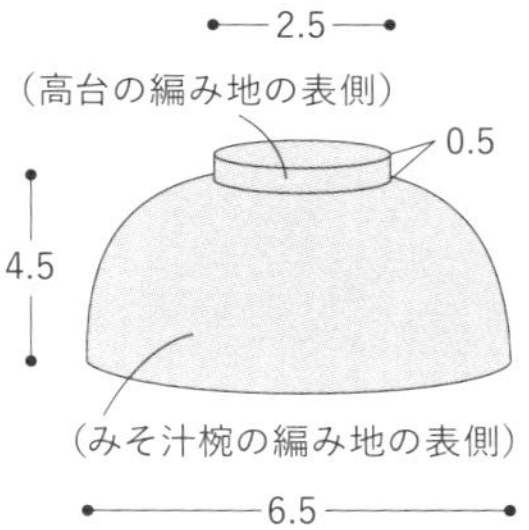

みそ汁椀の3段めの細編みの柱から拾い、細編み、引抜き編みを18目編む

みそ汁のとうふ
オフホワイト（4枚）

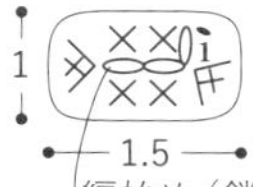

みそ汁椀の高台 赤

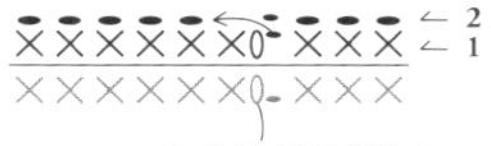

みそ汁 茶色（1枚）

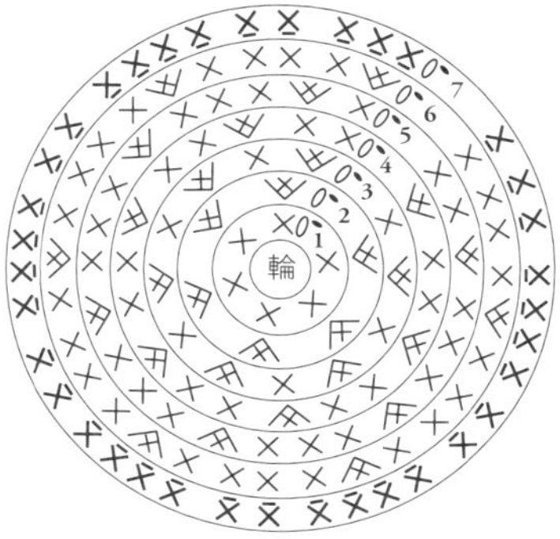

X ＝変り筋編み
鎖の手前の1本だけをすくって細編みを編む

段	目数	
7	**36**	変り筋編み
6	36（+6）	
5	30（+6）	
4	24（+6）	
3	18（+6）	
2	12（+6）	
1	6	

お新香 レモン色（2枚）

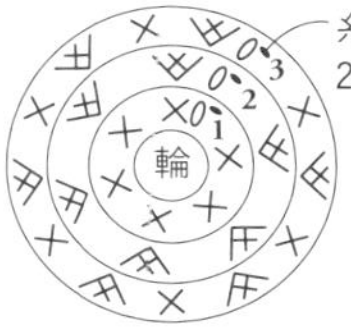

段	目数
3	18（+6）
2	12（+6）
1	6

ハム 薄ピンク（2枚）

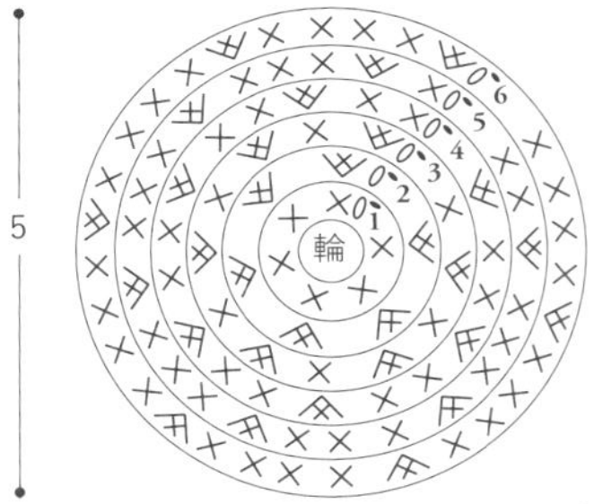

段	目数
6	36（+6）
5	30（+6）
4	24（+6）
3	18（+6）
2	12（+6）
1	6

お新香の仕上げ方

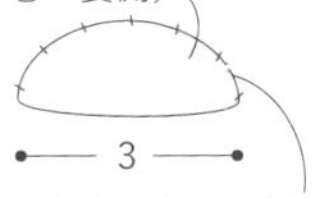

出来上り図
［お新香］

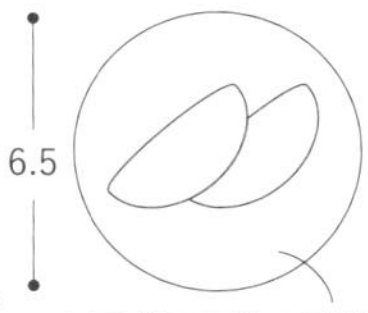

みそ汁の仕上げ方

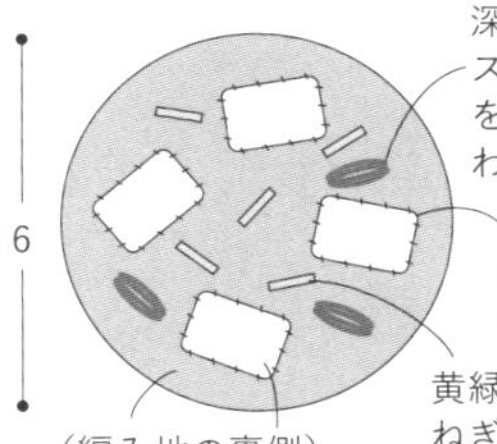

みそ汁の出来上り図

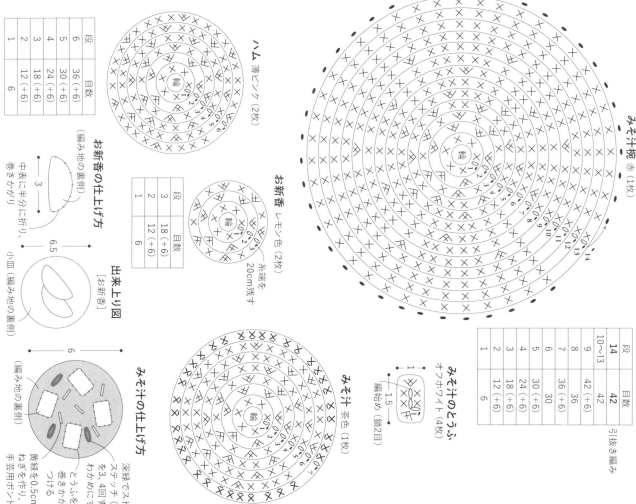

花形にんじん 濃オレンジ（1枚）

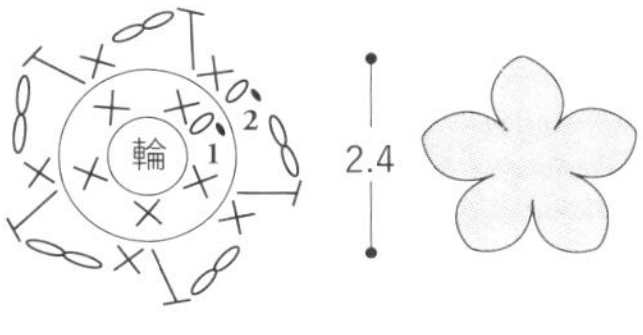

れんこん ベージュ（1枚）

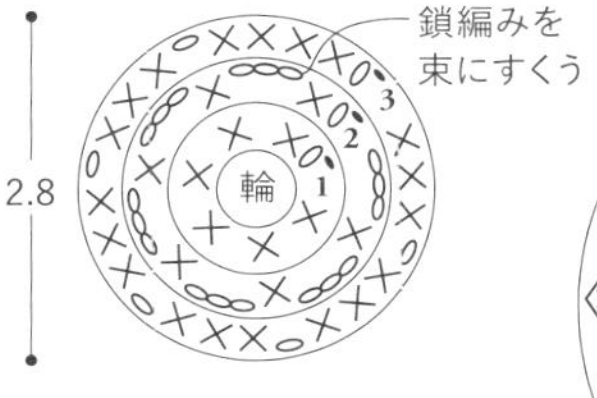

しいたけ（1枚）

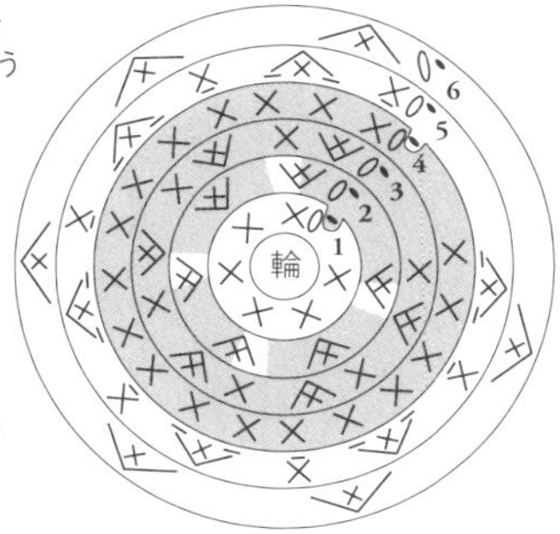

＊編終りはわたを入れて最終段の目の頭に糸を通して絞る

段	目数	
6	6（−6）	
5	**12（−6）**	筋編み
4	18	
3	18（+6）	
2	12（+6）	
1	6	

□はベージュ
■はこげ茶

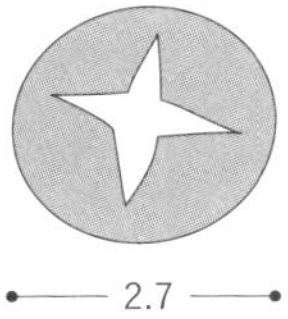

かぼちゃ（1枚）

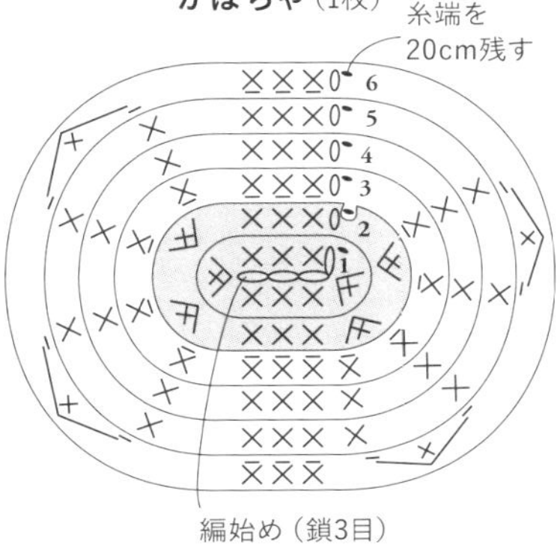

＊編終りはわたを入れて最終段の向かい合う目の頭を巻きかがり

段	目数	
6	**10（−4）**	筋編み
5	14	
4	14	
3	**14**	筋編み
2	14（+4）	
1	10	

■は青緑　□は山吹色

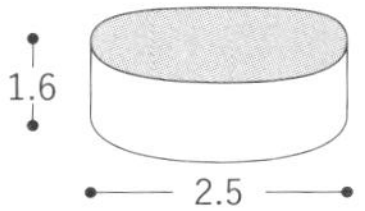

こんにゃく 濃グレー（1枚）

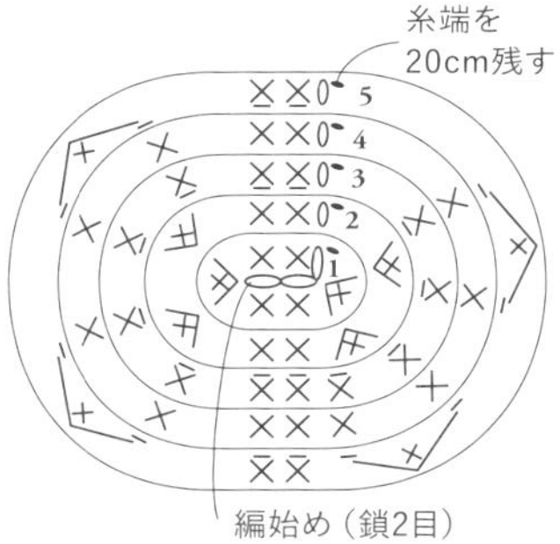

＊編終りはわたを入れて最終段の向かい合う目の頭を巻きかがり

段	目数	
5	**8（−4）**	筋編み
4	12	
3	**12**	筋編み
2	12（+4）	
1	8	

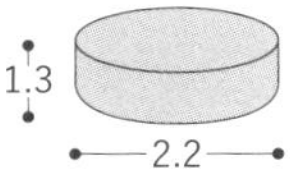

絹さや 黄緑（1枚）

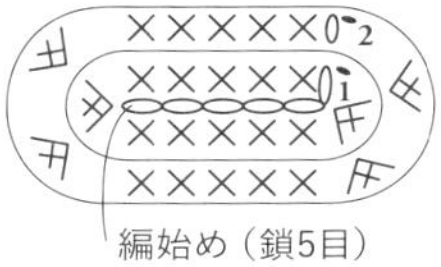

段	目数
2	18（+4）
1	14

絹さやの仕上げ方

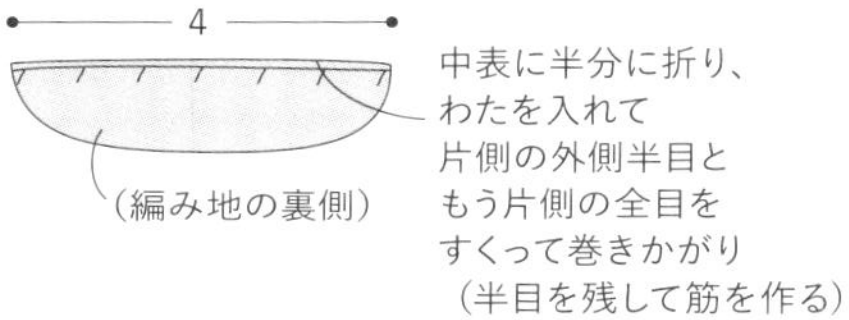

出来上り図

［野菜の煮物］

鮭の塩焼き（1枚）

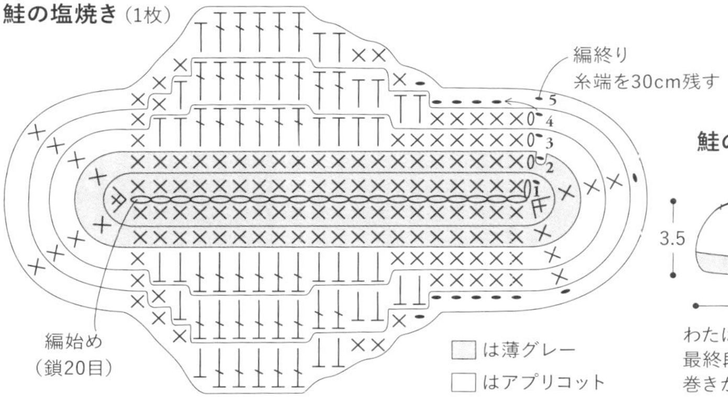

■は薄グレー
□はアプリコット

鮭の塩焼きの仕上げ方

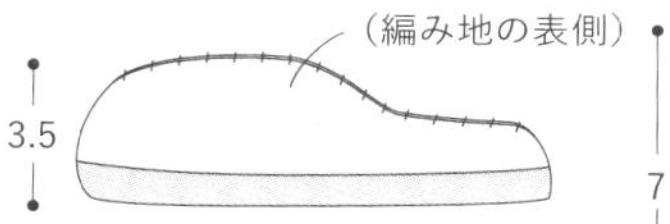

わたは入れずに外表に半分に折り、最終段の向かい合う目の頭を巻きかがり

［鮭の塩焼き］

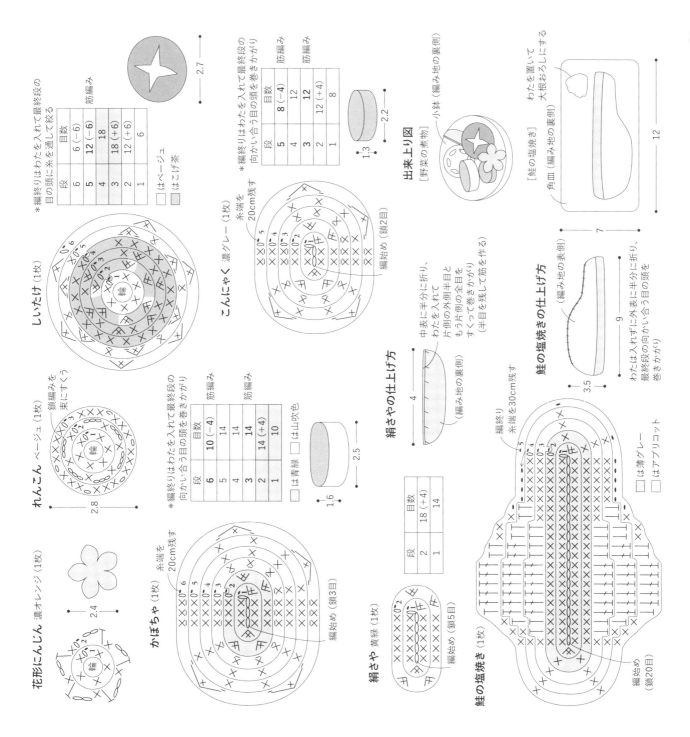

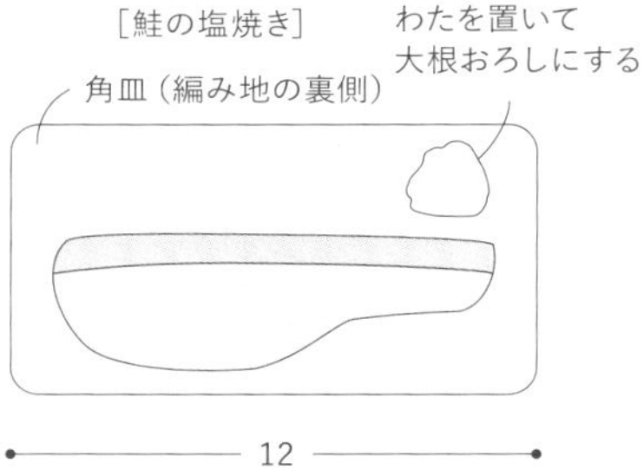

お子さまランチ

写真★p.20,21

★糸（使用量は指定以外は少量）
〔**チキンライス**〕ハマナカ ラブボニー オレンジ（106）
〔**グリーンピースライス**〕ハマナカ ラブボニー 白（125）、ハマナカ ピッコロ 黄緑（9）
〔**たこさんウィンナー**〕ハマナカ ピッコロ 朱赤（26）
〔**ハンバーグ**〕ハマナカ ピッコロ こげ茶（17） 7g→p.64
〔**目玉焼き**〕ハマナカ ピッコロ 白（1）、レモン色（8）→p.65
〔**えびフライ**〕ハマナカ ピッコロ 茶色（21）、濃オレンジ（7）→p.67
〔**フライドポテト**〕ハマナカ ピッコロ クリーム色（41）→p.48
〔**レタス**〕ハマナカ わんぱくデニス 黄緑（53）→p.66
〔**ミニトマト**〕ハマナカ ピッコロ 赤（6）、緑（24）→p.66
〔**パセリ**〕ハマナカ ピッコロ 緑（24）→p.64
〔**ミックスベジタブル**〕ハマナカ ピッコロ レモン色（8）、黄緑（9）、オレンジ（51）→p.66
〔**チーズ**〕ハマナカ ピッコロ 黄色（42）→p.42
〔**ゆでたまご**〕ハマナカ ピッコロ オフホワイト（2）、レモン色（8）→p.50
〔**ナポリタン**〕ハマナカ ラブボニー オレンジ（106）、黄土色（127）、ハマナカ ピッコロ アプリコット（28）、緑（24）→p.87
〔**ポテトサラダ**〕ハマナカ itoa あみぐるみが編みたくなる糸 オフホワイト（302）、ハマナカ ピッコロ 黄緑（9）、サーモンピンク（39）
〔**プリン**〕ハマナカ ピッコロ こげ茶（17）、クリーム色（41）→p.90
〔**バナナ**〕ハマナカ ピッコロ オフホワイト（2）、黄色（42）、ハマナカ ティノ こげ茶（14）→p.91
〔**りんご**〕ハマナカ ピッコロ オフホワイト（2）、朱赤（26）→p.91
〔**キウイ**〕ハマナカ ピッコロ 白（1）、薄緑（56）、ハマナカ ティノ 白（1）、黒（15）→p.91,93
〔**みかん**〕ハマナカ ピッコロ 山吹色（25）、ハマナカ ティノ 白（1）→p.91
〔**ミニホイップクリーム A**〕ハマナカ ラブボニー 白（125）→p.93
〔**タルト生地**〕ハマナカ ピッコロ 茶色（21）→p.92
〔**カスタードクリーム**〕ハマナカ ピッコロ クリーム色（41）→p.92
〔**いちご**〕ハマナカ ピッコロ 赤（6）、ハマナカ ティノ 白（1）→p.93
〔**さくらんぼ**〕ハマナカ ピッコロ 朱赤（26）→p.90

★用具
〔**グリーンピースライスのライス、チキンライス**〕6/0号かぎ針 〔**レタス**〕5/0号かぎ針
〔**ミニトマト**〕3/0号かぎ針 〔**指定以外**〕4/0号かぎ針

★その他
〔**グリーンピースライス、チキンライス、たこさんウィンナー、ハンバーグ、目玉焼き、えびフライ、ミニトマト、ゆでたまご、ナポリタン、ポテトサラダ、プリン、バナナ、りんご、みかん、いちご、さくらんぼ**〕手芸わた
〔**さくらんぼ**〕手芸用ボンド

ポテトサラダ オフホワイト（1枚）

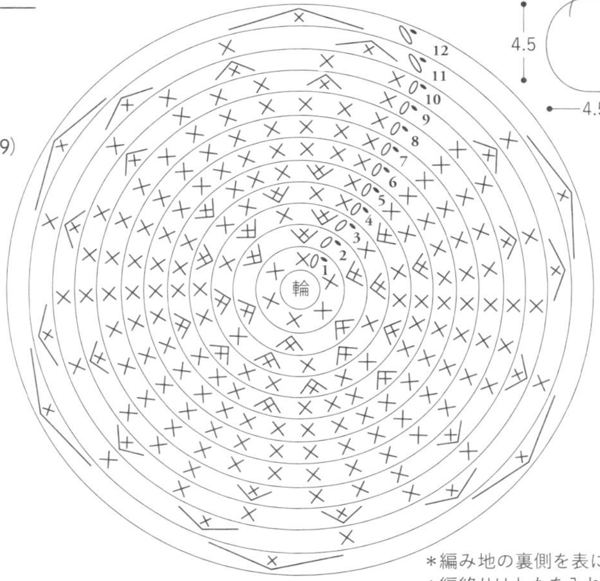

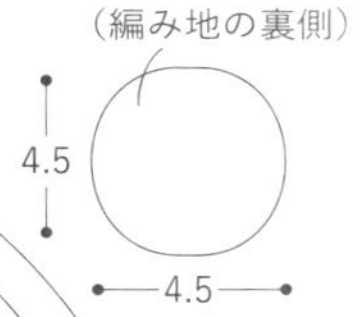

＊編み地の裏側を表にする
＊編終りはわたを入れて最終段の目の頭に糸を通して絞る

段	目数
12	6（−6）
11	12（−6）
10	18（−6）
9	24（−6）
6〜8	30
5	30（+6）
4	24（+6）
3	18（+6）
2	12（+6）
1	6

たこさんウィンナー
朱赤（1枚）

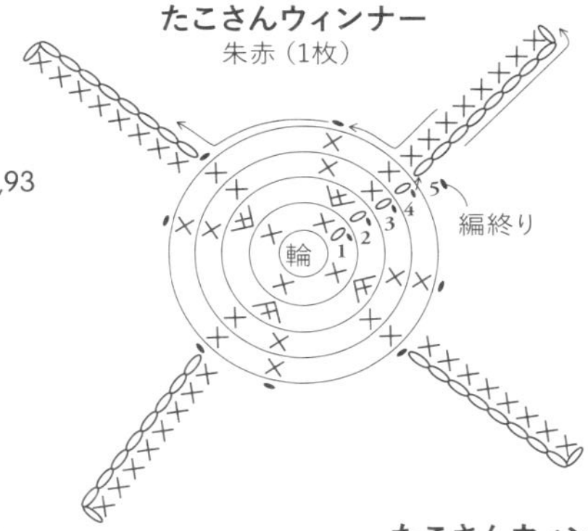

段	目数
5	図参照
3、4	8
2	8（+4）
1	4

たこさんウィンナーの仕上げ方

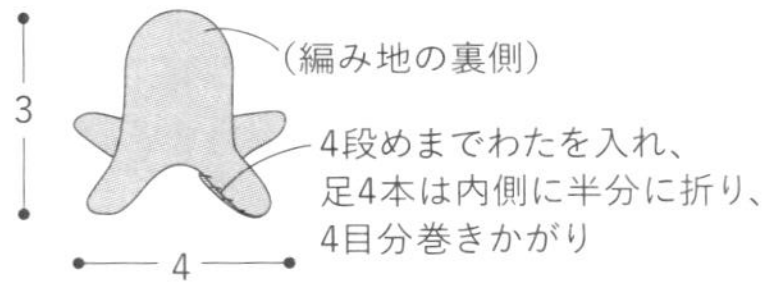

グリーンピースライスの グリーンピース 黄緑（3枚）

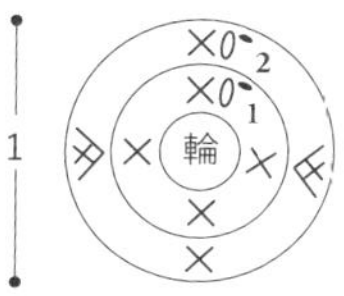

段	目数
2	6（+2）
1	4

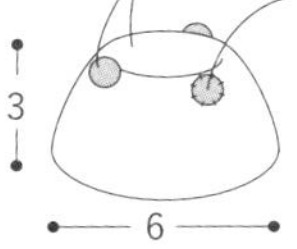

グリーンピースライスのライス 白（1枚）
チキンライス オレンジ（1枚）

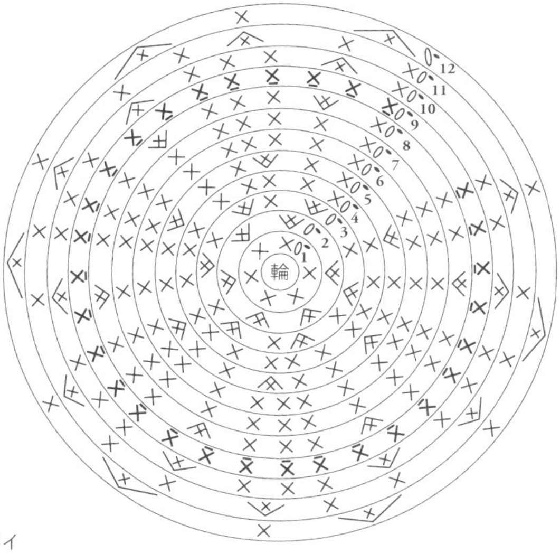

X̲ ＝変り筋編み
鎖の手前の1本だけを
すくって細編みを編む

＊編み地の裏側を表にする
＊編終りはわたを入れて最終段の目の頭に糸を通して絞る

段	目数	
12	12（−6）	
11	18（−6）	
10	24（−6）	
9	**30**	変り筋編み
8	30（+6）	
6、7	24	
5	24（+6）	
4	18	
3	18（+6）	
2	12（+6）	
1	6	

出来上り図

［p.20］

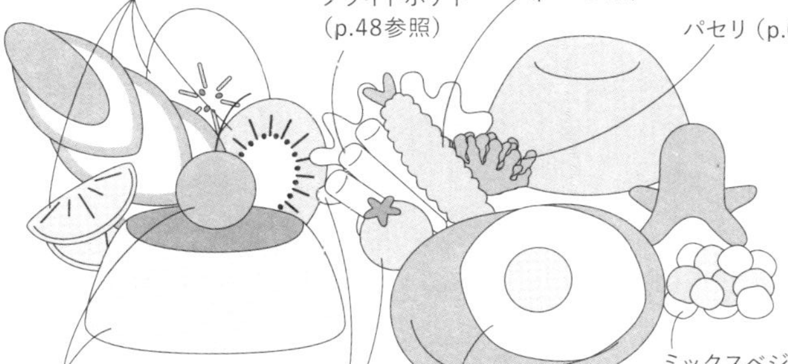

［p.21］

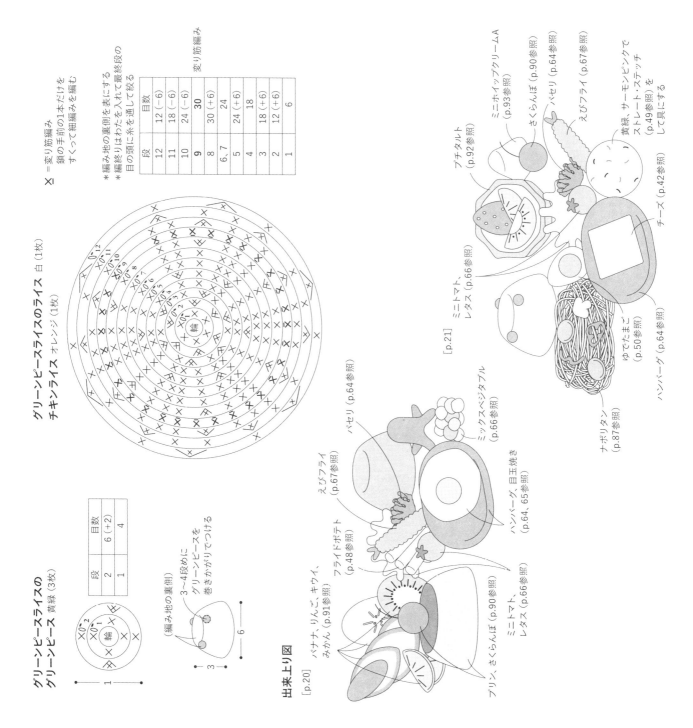

和風弁当、洋風弁当

写真★p.22,23

★糸（使用量は指定以外は少量）
〔ごはん〕ハマナカ ピッコロ 白（1） 6g、
ハマナカ ティノ 黒（15）※洋風弁当のみ
〔お弁当箱〕ハマナカ ラブボニー 黒（120） 30g
〔レタス〕ハマナカ わんぱくデニス 黄緑（53）→p.66
和風弁当
〔うめぼし〕ハマナカ ピッコロ 赤（6）
〔厚焼きたまご〕ハマナカ ピッコロ 黄色（42）、オフホワイト（2）
〔鮭の塩焼き〕ハマナカ ピッコロ 薄グレー（33）、アプリコット（28）→p.71
〔ひじきの煮つけ〕ハマナカ ピッコロ 黒(20)、ベージュ(16)、濃オレンジ(7)
〔花形にんじん〕ハマナカ ピッコロ 濃オレンジ（7）→p.71
〔れんこん〕ハマナカ ピッコロ ベージュ（16）→p.71
〔しいたけ〕ハマナカ ピッコロ ベージュ（16）、こげ茶（17）→p.71
〔かぼちゃ〕ハマナカ ピッコロ 青緑（10）、山吹色（25）→p.71
〔こんにゃく〕ハマナカ ピッコロ 濃グレー（50）→p.71
〔絹さや〕ハマナカ ピッコロ 黄緑（9）→p.71
〔かまぼこ〕ハマナカ ピッコロ 白（1）、ピンク（4）→p.63
洋風弁当
〔ハンバーグ〕ハマナカ ピッコロ こげ茶（17） 7g→p.64
〔ナポリタン〕ハマナカ ラブボニー オレンジ（106）
〔ポテトサラダ〕ハマナカ itoa あみぐるみが編みたくなる糸 オフホワイト（302）、ハマナカ ピッコロ 黄緑（9）、サーモンピンク（39）→p.72
〔ゆでたまご〕ハマナカ ピッコロ オフホワイト（2）、レモン色（8）→p.50
〔えびフライ〕ハマナカ ピッコロ 茶色（21）、濃オレンジ（7）→p.67
〔たこさんウィンナー〕ハマナカ ピッコロ 朱赤（26）→p.72
〔ミックスベジタブル〕ハマナカ ピッコロ レモン色（8）、黄緑（9）、オレンジ（51）→p.66
〔ミニトマト〕ハマナカ ピッコロ 赤（6）、緑（24）→p.66
〔ブロッコリー〕ハマナカ ピッコロ 緑（24）、黄緑（9）→p.66
★用具
〔お弁当箱〕6/0号かぎ針　**〔レタス〕**5/0号かぎ針
〔ミニトマト〕3/0号かぎ針　**〔指定以外〕**4/0号かぎ針
★その他
〔ごはん、かぼちゃ、しいたけ、こんにゃく、絹さや、大根おろし、ハンバーグ、ポテトサラダ、ゆでたまご、えびフライ、たこさんウィンナー、ミニトマト〕手芸わた

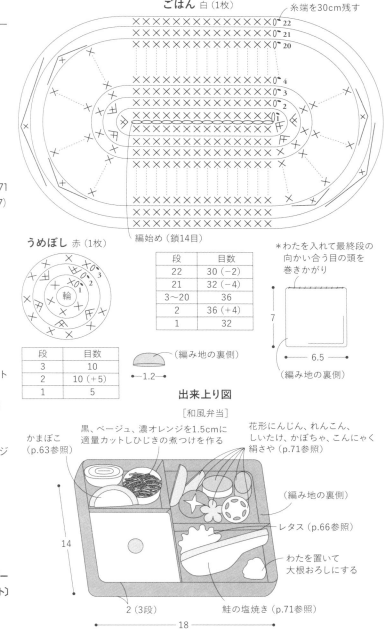

ごはん 白（1枚）

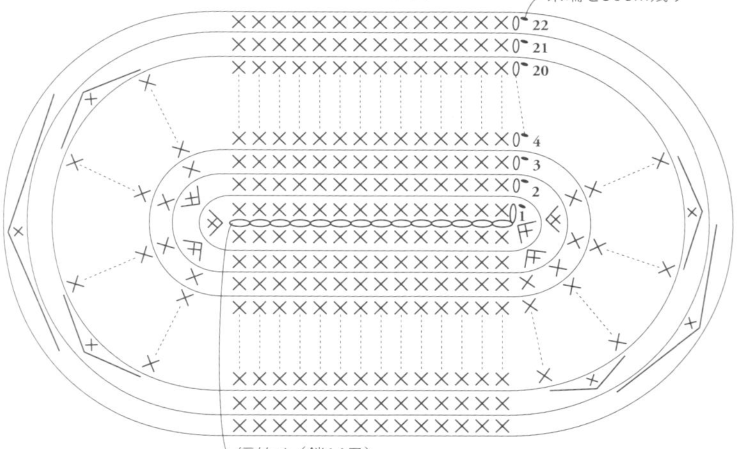

段	目数
22	30（−2）
21	32（−4）
3〜20	36
2	36（+4）
1	32

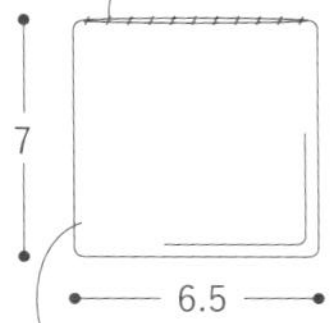

うめぼし 赤（1枚）

段	目数
3	10
2	10（+5）
1	5

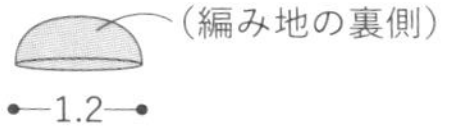

出来上り図

［和風弁当］

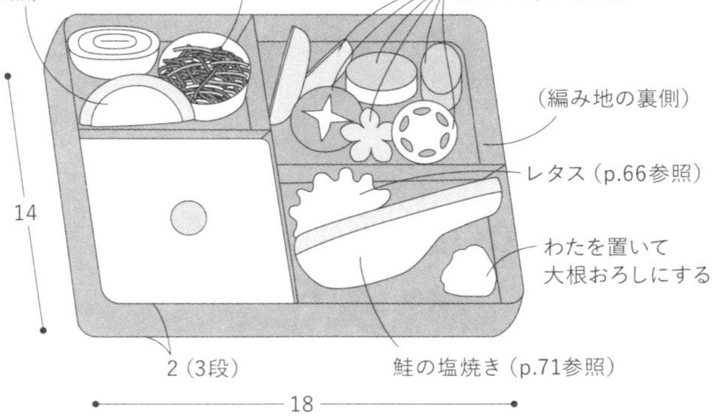

厚焼きたまごの内側1 黄色（1枚）

厚焼きたまごの内側2（1枚）

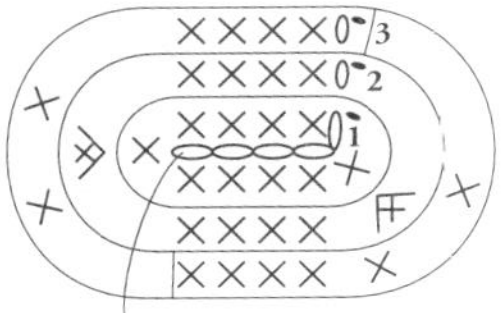

□は黄色
□はオフホワイト

段	目数
3	12
2	12（+2）
1	10

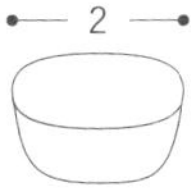

厚焼きたまごの内側3（1枚）

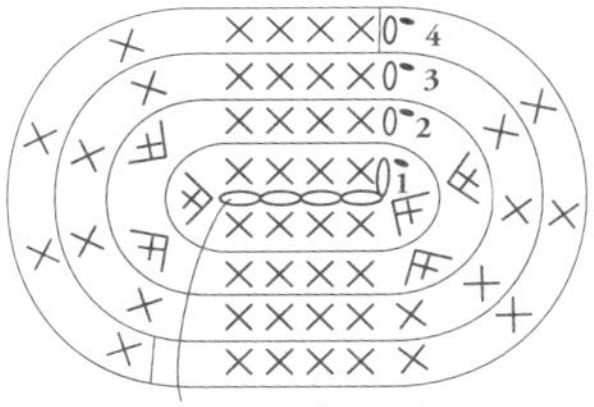

□は黄色
□はオフホワイト

段	目数
4	16
3	16
2	16（+4）
1	12

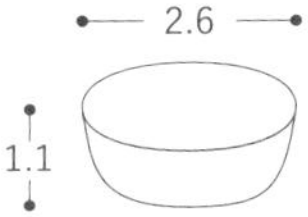

厚焼きたまごの仕上げ方

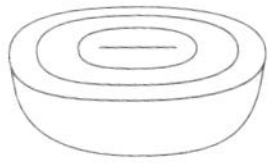

外側、内側3、内側2、内側1の順に重ねる

厚焼きたまごの外側 黄色（1枚）

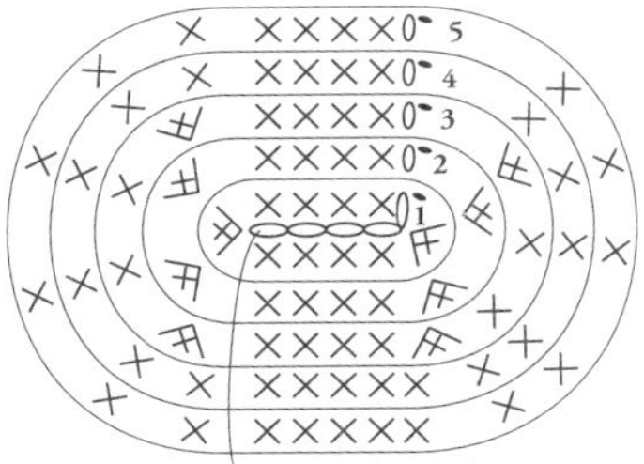

段	目数
4、5	20
3	20（+4）
2	16（+4）
1	12

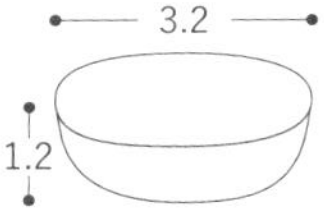

段	目数	
13	**90**	引抜き編み
12	90	
11	**90（−8）**	筋編み
10	98（+8）	
9	90（+8）	
8	82（+8）	
7	74（+8）	
6	66（+8）	
5	58（+8）	
4	50（+8）	
3	42（+8）	
2	34（+8）	
1	26	

お弁当箱 黒（1枚）

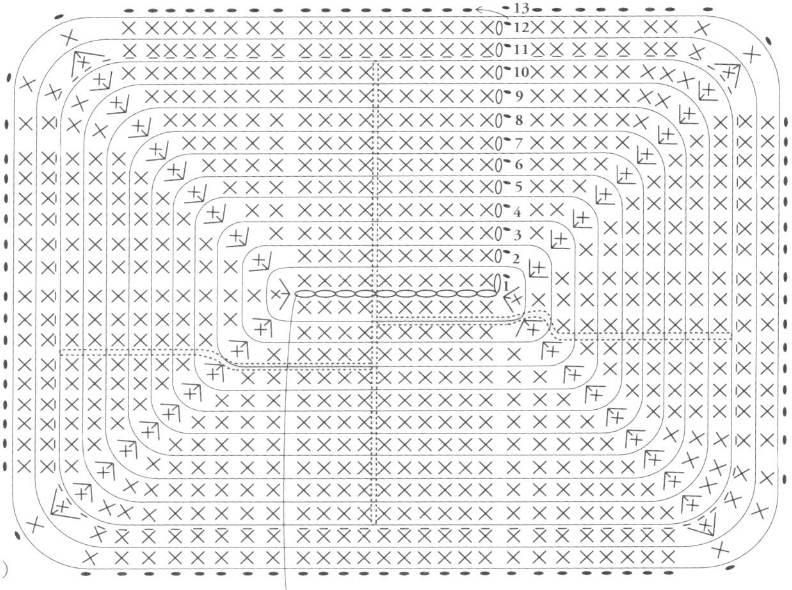

＊編み地の裏側の⬚位置から目を拾い
（細編みの目と目の間、段と段の間をすくう）
細編み2段を3か所編み、仕切りを作る

［洋風弁当］

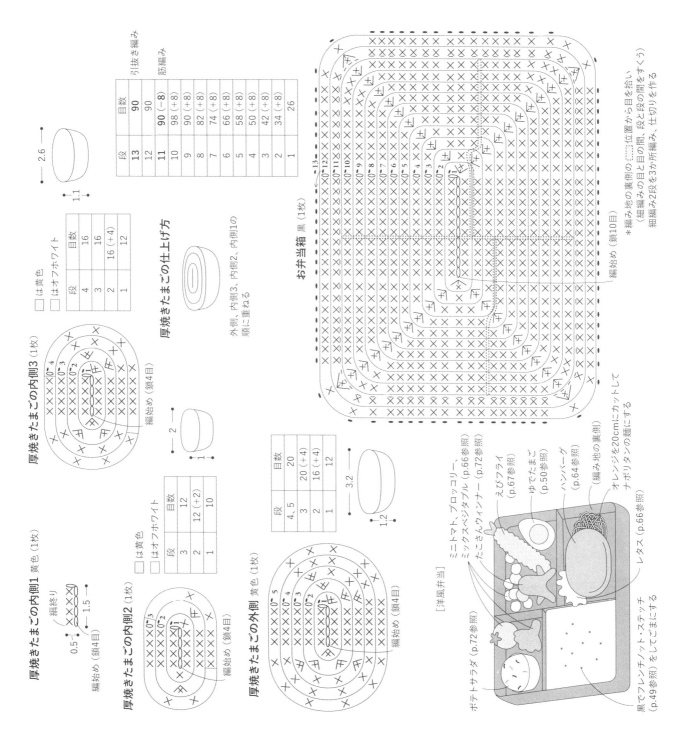

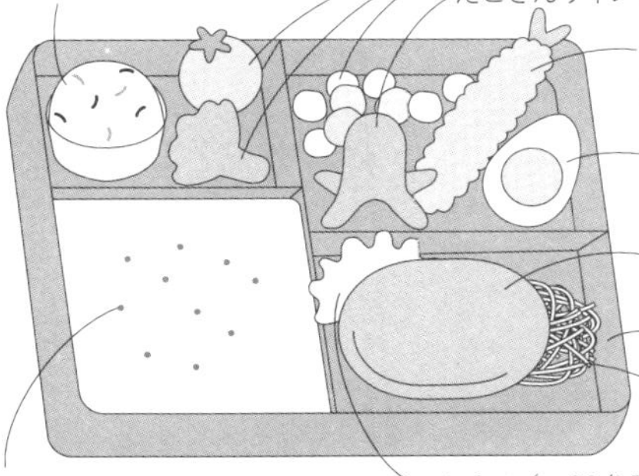

パン

写真★p.24,25

★糸（使用量は指定以外は少量）
〔クロワッサン〕ハマナカ ピッコロ 茶色（21）10g
〔メロンパン〕ハマナカ ピッコロ クリーム色（41）、茶色（21）
〔あんパン〕ハマナカ ピッコロ 茶色（21）、ハマナカ ティノ 黒（15）
〔くまパン〕ハマナカ ピッコロ 茶色（21）、オフホワイト（2）、こげ茶（17）
〔カレーパン〕ハマナカ itoa あみぐるみが編みたくなる糸 金茶（316）
〔クリームコロネ〕ハマナカ ピッコロ 茶色（21）8g、オフホワイト（2）、クリーム色（41）
〔チョココロネ〕ハマナカ ピッコロ 茶色（21）8g、オフホワイト（2）、こげ茶（17）
〔ミニコッペパン〕ハマナカ ピッコロ 茶色（21）、オフホワイト（2）
〔コロッケ〕ハマナカ itoa あみぐるみが編みたくなる糸 金茶（316）
〔キャベツ〕ハマナカ わんぱくデニス 黄緑（53）
〔ナポリタン〕ハマナカ ラブボニー オレンジ（106）、黄土色（127）、ハマナカ ピッコロ アプリコット（28）、緑（24）→ p.81
〔たまご〕ハマナカ ピッコロ レモン色（8）、白（1）→ p.49
〔レタス〕ハマナカ わんぱくデニス 黄緑（53）→ p.66
〔パセリ〕ハマナカ ピッコロ 緑（24）→ p.64
〔えび〕ハマナカ ラブボニー 白（125）、オレンジ（126）→ p.80
〔トマト〕ハマナカ ピッコロ 赤（6）→ p.49
〔ベーコン〕ハマナカ ピッコロ サーモンピンク（39）、オフホワイト（2）→ p.49
〔キウイ〕ハマナカ ピッコロ 白（1）、薄緑（56）、ハマナカ ティノ 白（1）、黒（15）→ p.91
〔いちご〕ハマナカ ピッコロ 赤（6）、ハマナカ ティノ 白（1）→ p.93
〔みかん〕ハマナカ ピッコロ 山吹色（25）、ハマナカ ティノ 白（1）→ p.91
〔ミニホイップクリーム A〕ハマナカ ラブボニー 白（125）→ p.93

★用具
〔レタス〕5/0号かぎ針
〔えび、ミニホイップクリーム A〕6/0号かぎ針
〔指定以外〕4/0号かぎ針

★その他
〔共通〕手芸わた

クロワッサンb 茶色（1枚）

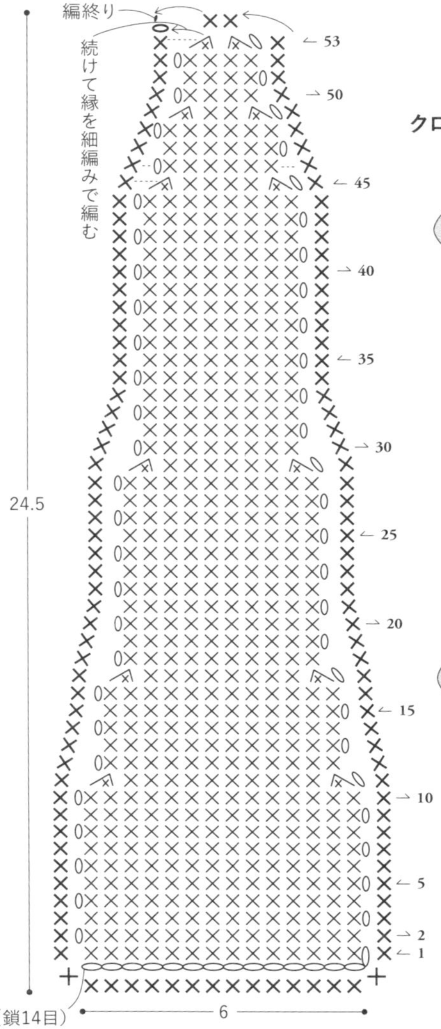

クロワッサンの仕上げ方

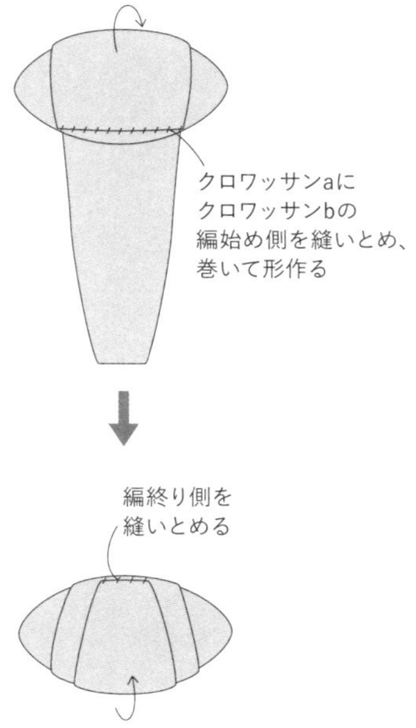

カレーパン、クロワッサンaの仕上げ方

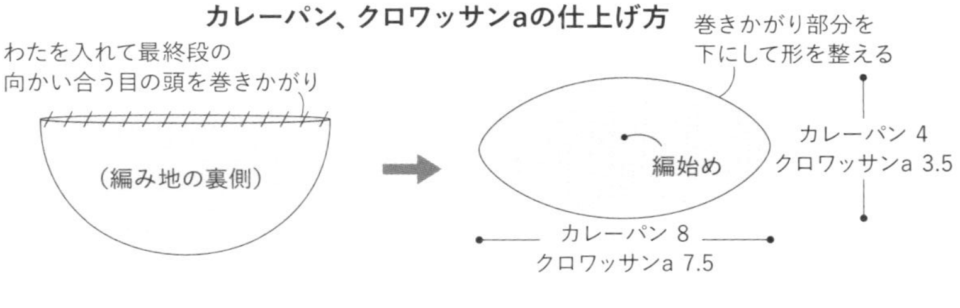

あんパン 茶色　**くまパンの頭** 茶色
カレーパン 金茶　**クロワッサンa** 茶色　**メロンパン**
（各1枚）

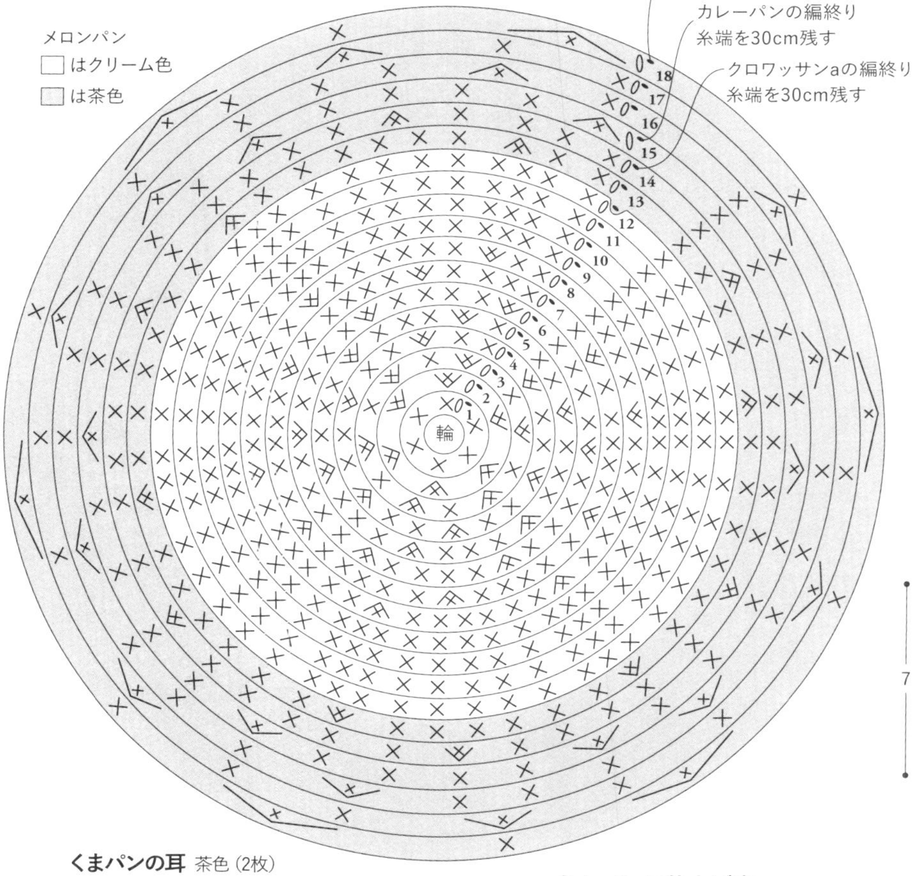

メロンパン
□はクリーム色
□は茶色
メロンパン、あんパン、くまパンの編終り
カレーパンの編終り
糸端を30cm残す
クロワッサンaの編終り
糸端を30cm残す
輪

＊編み地の裏側を表にする
＊メロンパン、あんパン、くまパンの編終りはわたを入れて最終段の目の頭に糸を通して絞る

段	目数
18	12（－6）
17	18（－6）
16	24（－6）
15	30（－6）← カレーパン編終り
14	36（－6）← クロワッサンa編終り
13	42（－6）
9～12	48
8	48（＋6）
7	42（＋6）
6	36（＋6）
5	30（＋6）
4	24（＋6）
3	18（＋6）
2	12（＋6）
1	6

メロンパンの仕上げ方

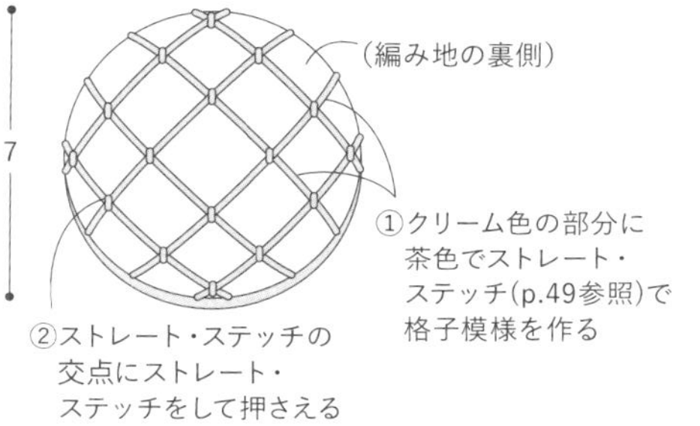

（編み地の裏側）
7
①クリーム色の部分に茶色でストレート・ステッチ(p.49参照)で格子模様を作る
②ストレート・ステッチの交点にストレート・ステッチをして押さえる

くまパンの耳 茶色（2枚）
くまパンの口もと オフホワイト（1枚）
くまパンの鼻 こげ茶（1枚）

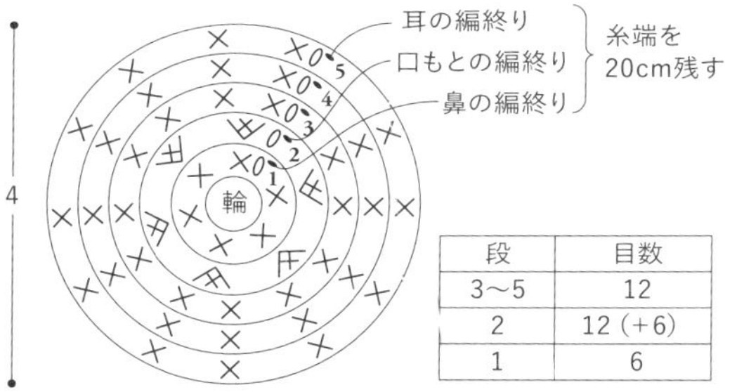

耳の編終り
口もとの編終り
鼻の編終り
糸端を20cm残す
輪
4

段	目数
3～5	12
2	12（＋6）
1	6

あんパンの仕上げ方

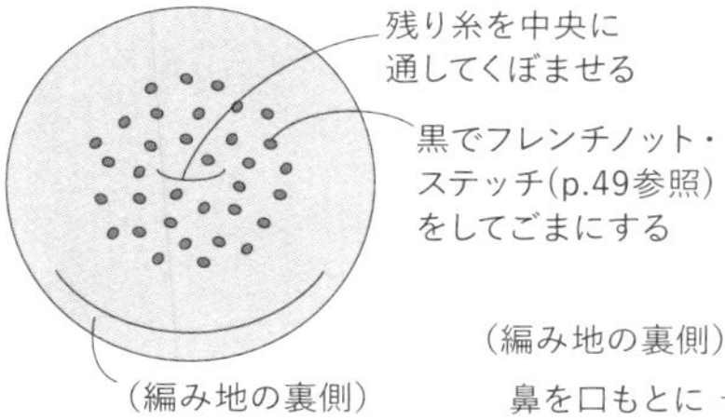

残り糸を中央に通してくぼませる
黒でフレンチノット・ステッチ(p.49参照)をしてごまにする
（編み地の裏側）

くまパンの仕上げ方

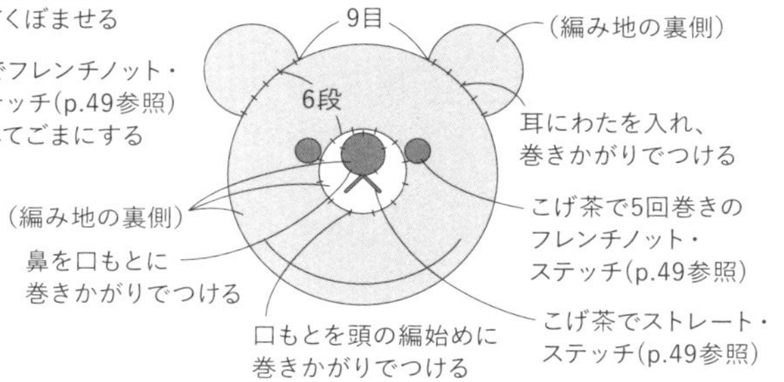

9目
6段
（編み地の裏側）
耳にわたを入れ、巻きかがりでつける
こげ茶で5回巻きのフレンチノット・ステッチ(p.49参照)
こげ茶でストレート・ステッチ(p.49参照)
（編み地の裏側）
鼻を口もとに巻きかがりでつける
口もとを頭の編始めに巻きかがりでつける

コロネa 茶色（1枚）

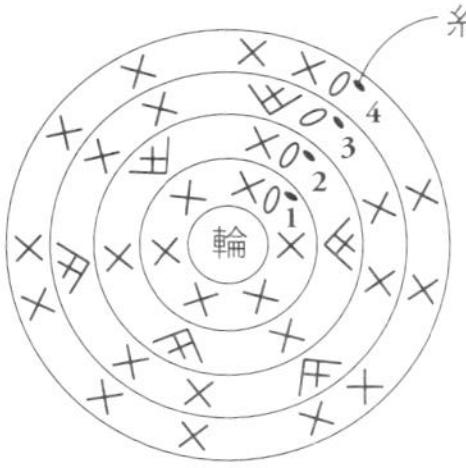

段	目数
4	12
3	12（+3）
2	9（+3）
1	6

コロネb 茶色（1枚）

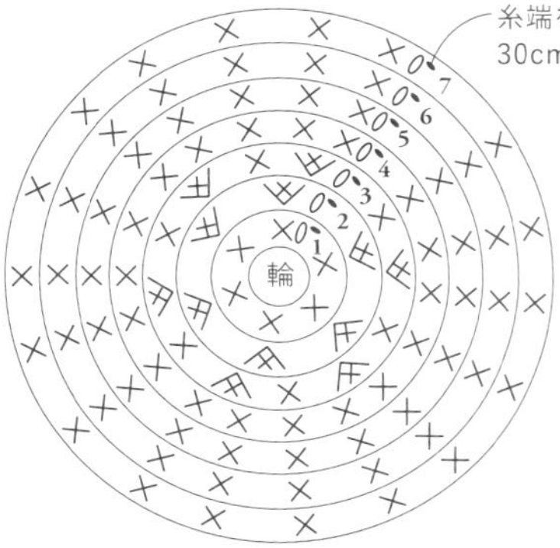

段	目数
4〜7	18
3	18（+6）
2	12（+6）
1	6

コロネc 茶色（1枚）

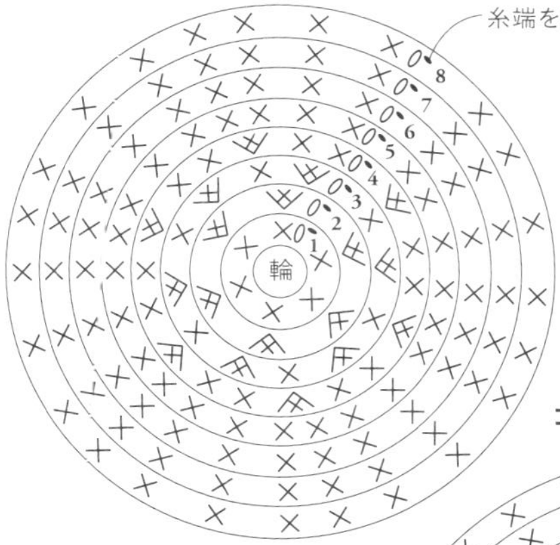

段	目数
5〜8	24
4	24（+6）
3	18（+6）
2	12（+6）
1	6

コロネd 茶色（1枚）

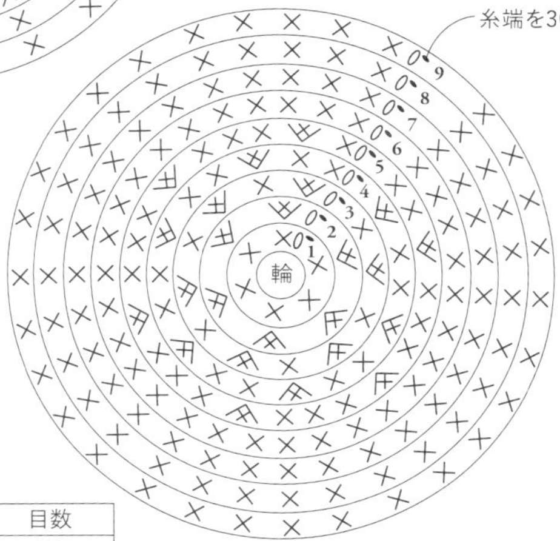

段	目数
6〜9	30
5	30（+6）
4	24（+6）
3	18（+6）
2	12（+6）
1	6

コロネe（1枚）

□ はオフホワイト
▨ は茶色

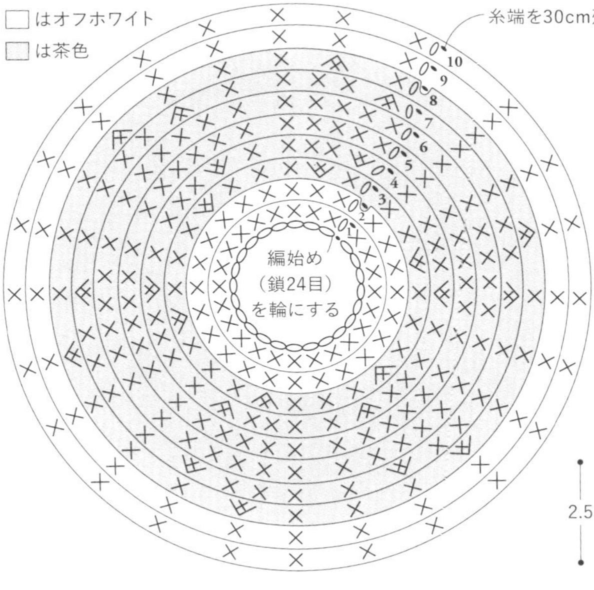

段	目数
10	24
9	24
8	24（−6）
7	30（−6）
6	36
5	36
4	36（+6）
3	30（+6）
2	24
1	24

コロネeの仕上げ方

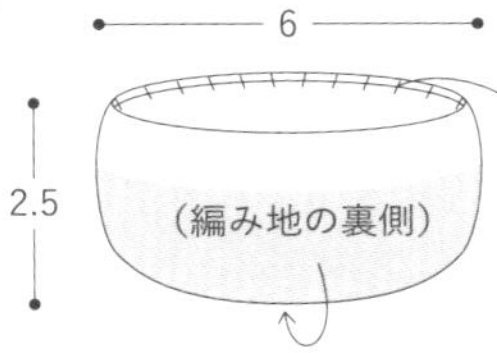

コロネの仕上げ方

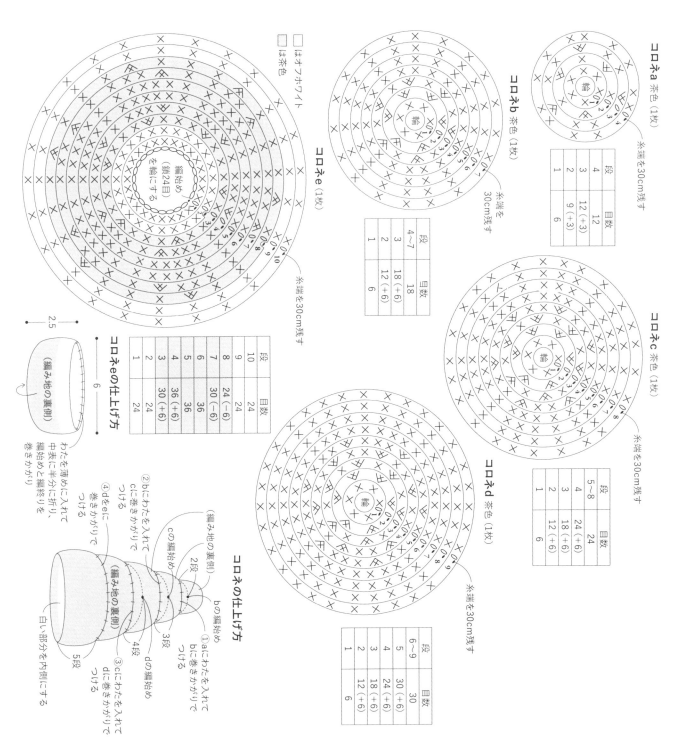

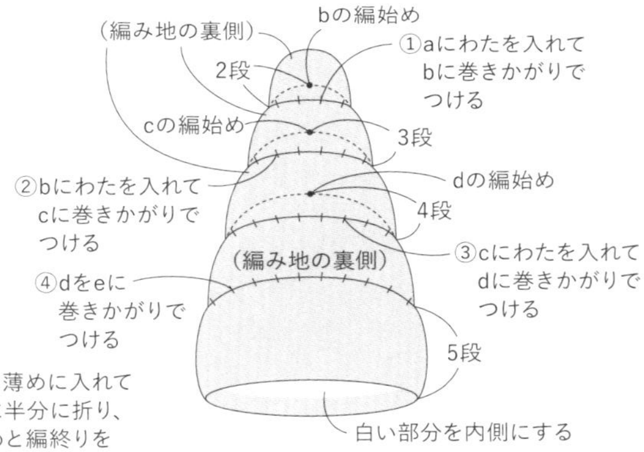

ミニコッペパンの外側 茶色（各2枚）
ミニコッペパンの切り口側 オフホワイト（各2枚）

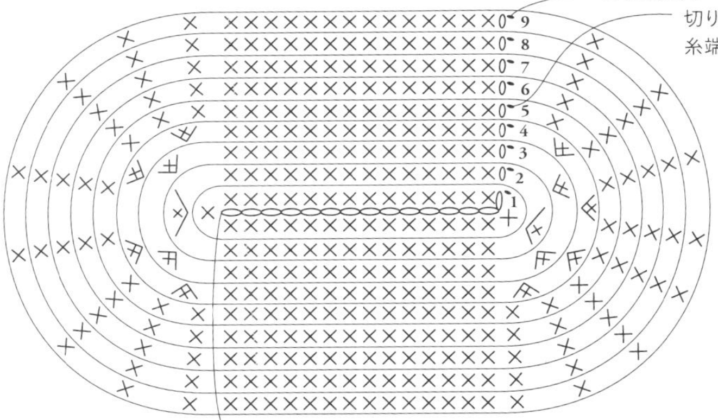

段	目数
6〜9	44
5	44
4	44（+8）
3	36（+4）
2	32（+2）
1	30

←切り口編終り

コロッケ 金茶（2枚）

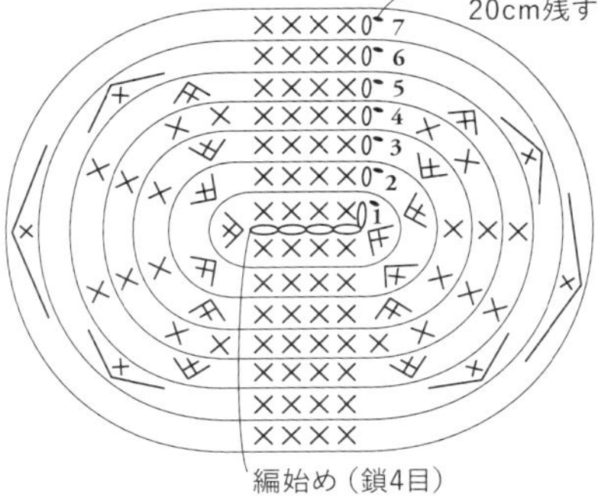

＊編終りはわたを入れて
最終段の向かい合う目の頭を巻きかがり

段	目数
7	10（−2）
6	12（−4）
5	16（−4）
4	20
3	20（+4）
2	16（+4）
1	12

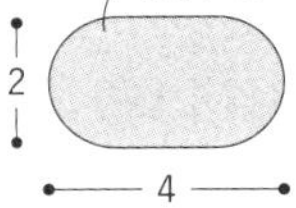

ミニコッペパンの仕上げ方

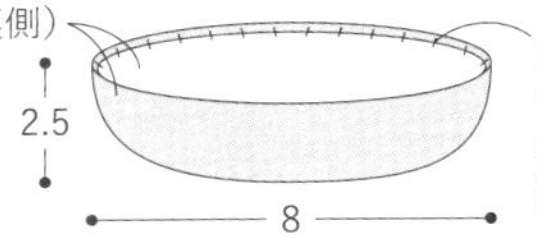

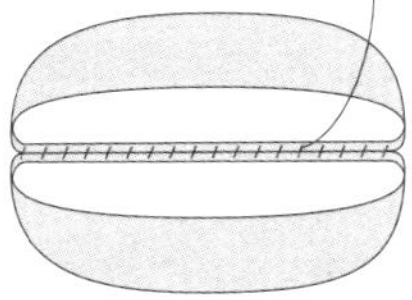

出来上り図

［コロッケサンド］

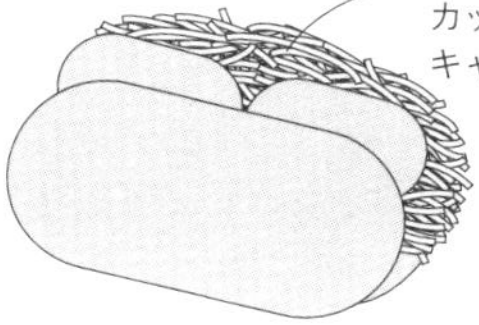

［ナポリタンサンド］

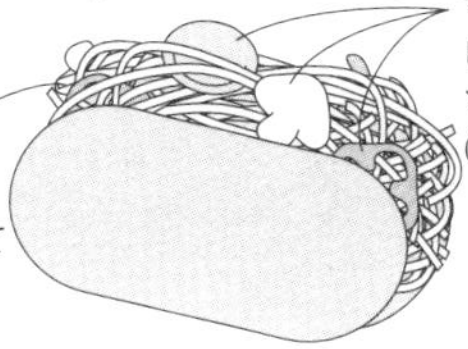

［エッグサンド］

［えびサラダサンド］

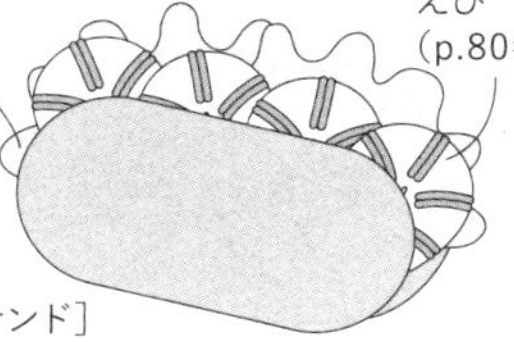

［BLTサンド］

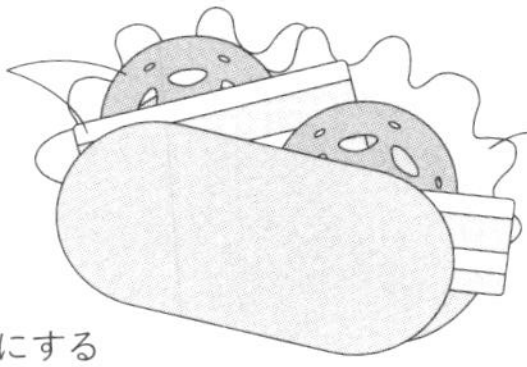

［フルーツサンド］

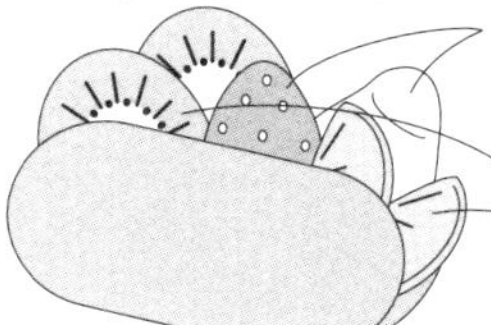

コロネのチョコ こげ茶（1枚）
コロネのクリーム クリーム色（1枚）

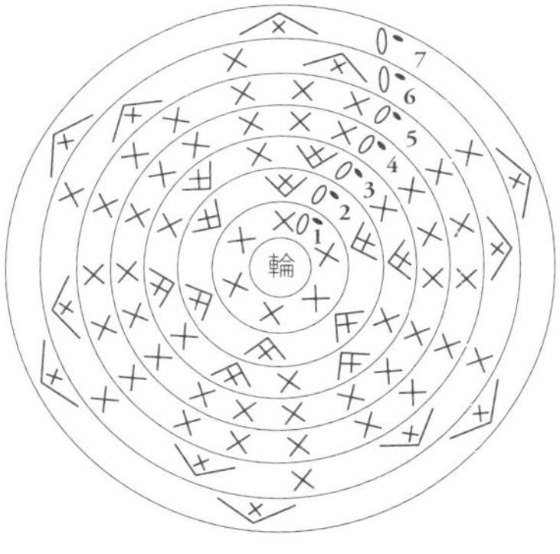

＊編み地の裏側を表にする
＊編終りはわたを入れて最終段の
目の頭に糸を通して絞る

段	目数
7	6（−6）
6	12（−6）
4、5	18
3	18（+6）
2	12（+6）
1	6

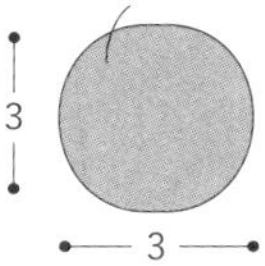

コロネの出来上り図

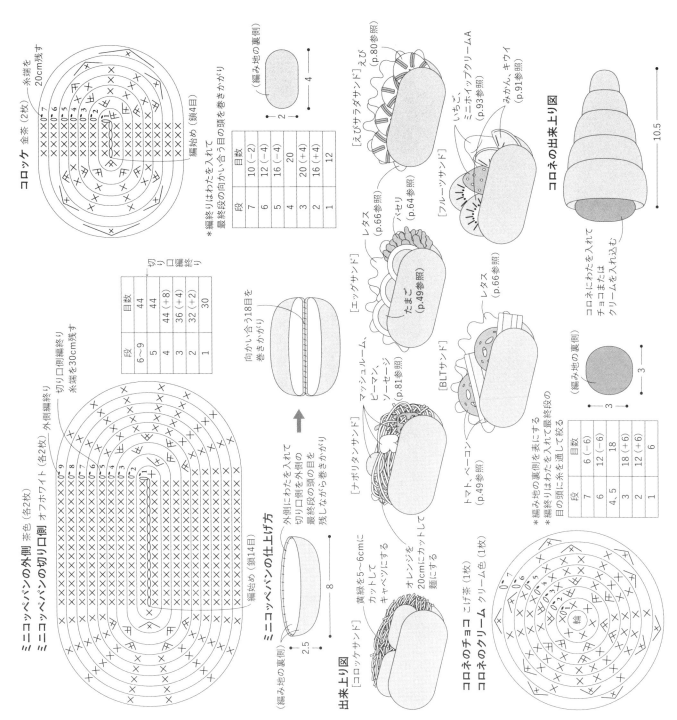

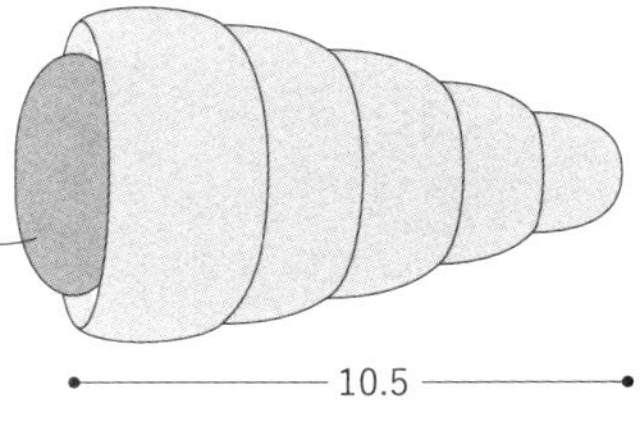

ピザ

写真★p.26,27

★糸（使用量は1ピースあたり、指定以外は少量）
〔アメリカンミックスピザ生地〕 ハマナカ ボニー クリーム色（478）8g、赤（429）、薄茶（418）
〔マルゲリータピザ生地〕 ハマナカ ボニー 赤（429）9g、薄茶（418）
〔シーフードスペシャルピザ生地〕 ハマナカ ボニー 薄緑（492）9g、薄茶（418）
〔モッツアレラチーズ〕 ハマナカ ティノ オフホワイト（2）
〔えび〕 ハマナカ ラブボニー 白（125）、オレンジ（126）
〔いか〕 ハマナカ ラブボニー 白（125）
〔ブラックオリーブ〕 ハマナカ ピッコロ 黒（20）
〔バジル〕 ハマナカ ピッコロ 黄緑（9）
〔ソーセージ〕 ハマナカ ピッコロ アプリコット（28）
〔ピーマン〕 ハマナカ ピッコロ 緑（24）
〔マッシュルーム〕 ハマナカ ラブボニー 黄土色（127）
〔トマト〕 ハマナカ ティノ 赤（6）→ p.49

★用具
〔ピザ生地〕 8/0号かぎ針
〔モッツァレラチーズ、バジル、トマト〕 2/0号かぎ針
〔えび、いか〕 6/0号かぎ針
〔ブラックオリーブ、ソーセージ、マッシュルーム、ピーマン〕 4/0号かぎ針

★その他
〔ソーセージ〕 手芸わた

モッツァレラチーズ オフホワイト（3枚）

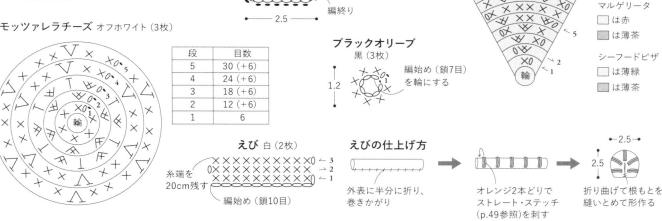

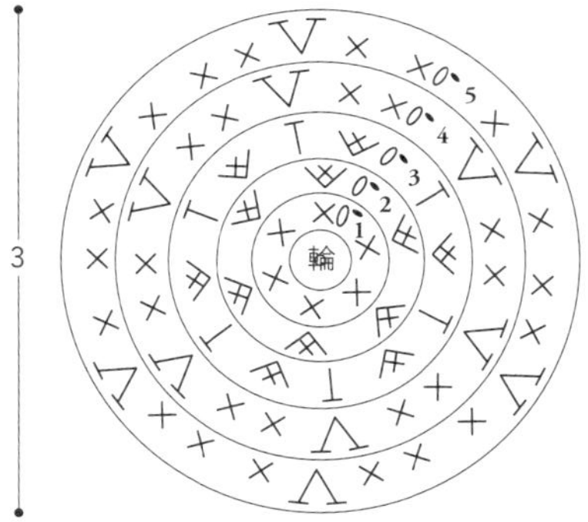

段	目数
5	30（+6）
4	24（+6）
3	18（+6）
2	12（+6）
1	6

アメリカンミックス（1枚）

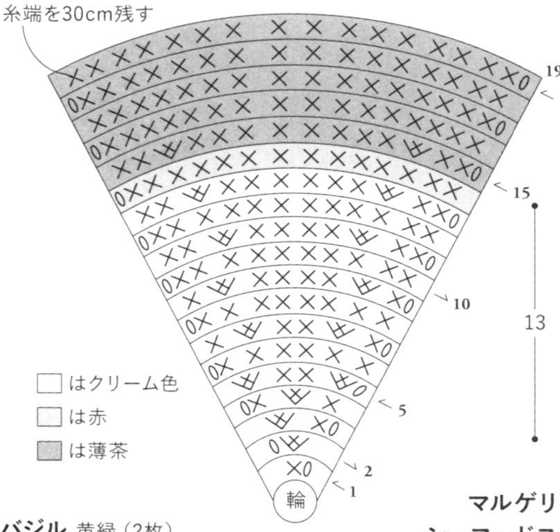

ピザの仕上げ方

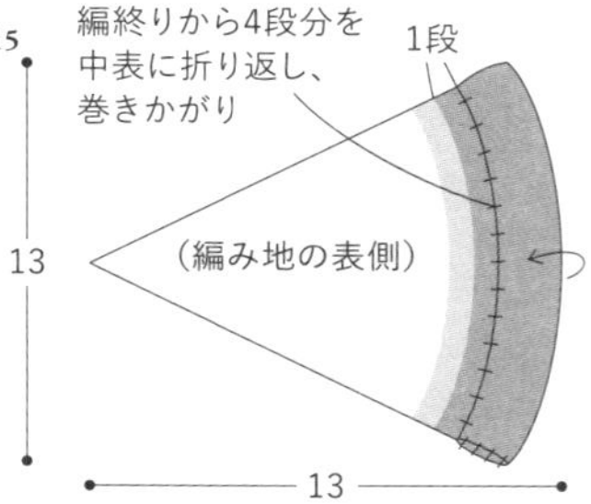

バジル 黄緑（2枚）

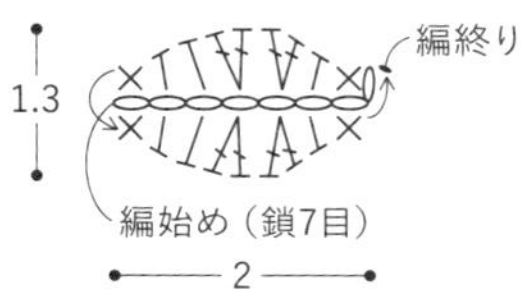

＊4本によってある毛糸をほどいて2本どりで編む

いか 白（1枚）

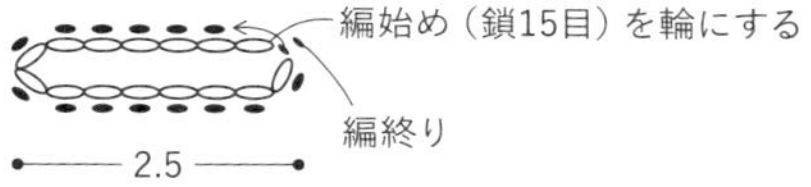

マルゲリータ（1枚）
シーフードスペシャル（1枚）

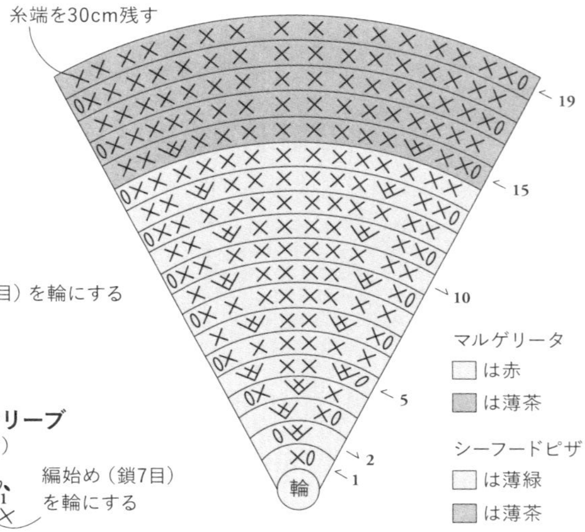

ブラックオリーブ
黒（3枚）

えび 白（2枚）

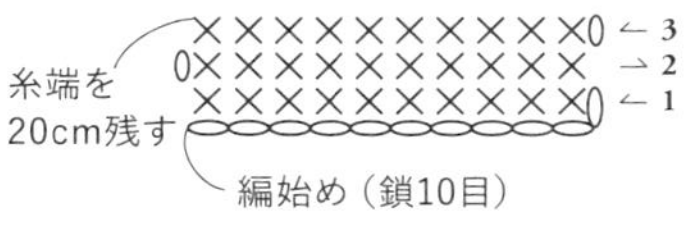

えびの仕上げ方

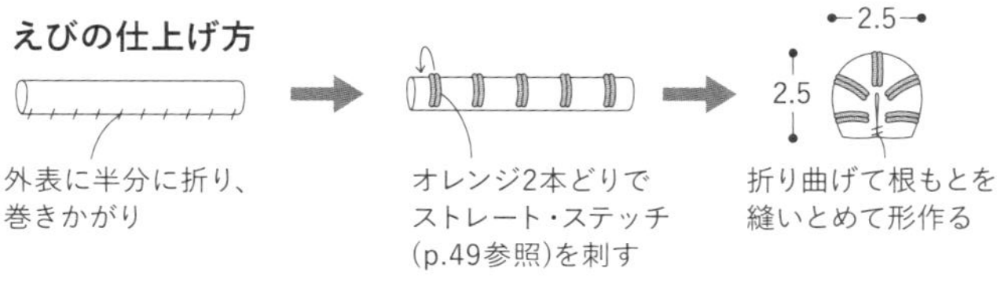

＊編み地の裏側を表にする
＊編終りはわたを入れて
最終段の目の頭に糸を
通して絞る

段	目数
4	5（−5）
3	10
2	10（+5）
1	5

（4段・3段）変り筋編み

ソーセージ
アプリコット（1枚）

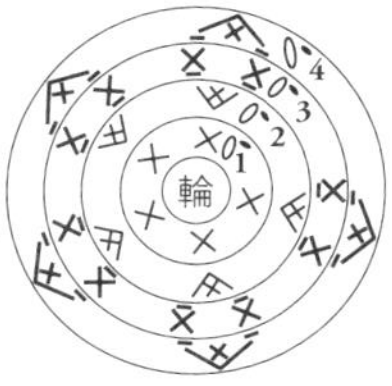

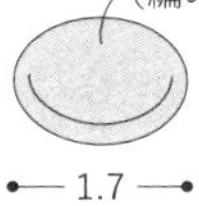

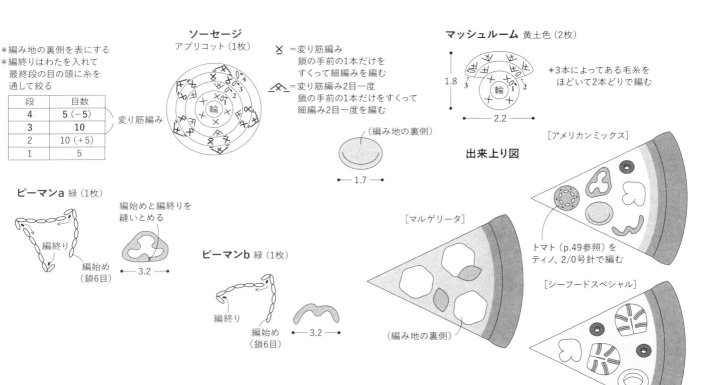

✕ ＝変り筋編み
鎖の手前の1本だけを
すくって細編みを編む
∧ ＝変り筋編み2目一度
鎖の手前の1本だけをすくって
細編み2目一度を編む

マッシュルーム 黄土色（2枚）

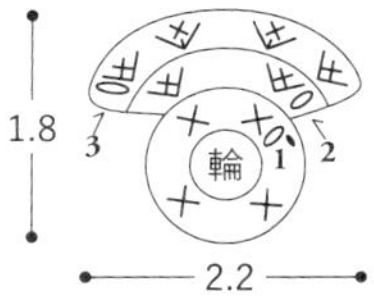

＊3本によってある毛糸を
ほどいて2本どりで編む

ピーマンa 緑（1枚）

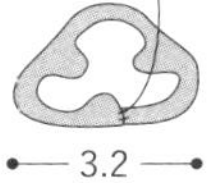

ピーマンb 緑（1枚）

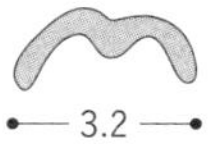

出来上り図

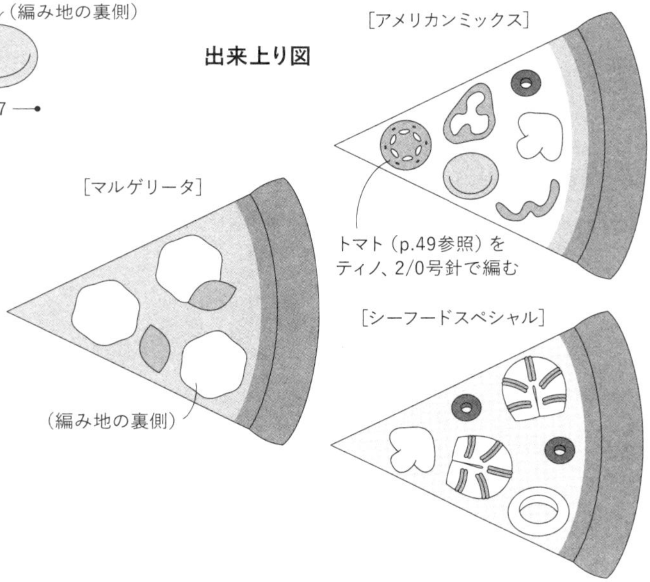

ドーナツ

写真★p.31

★糸（使用量はすべて少量）
〔プレーン〕ハマナカ ピッコロ 茶色（21）
〔レモン〕ハマナカ ピッコロ クリーム色（41）、茶色（21）、こげ茶（17）
〔抹茶〕ハマナカ ピッコロ モスグリーン（32）、茶色（21）、オフホワイト（2）
〔ラズベリー〕ハマナカ ピッコロ ピンク（4）、茶色（21）、赤（6）
〔チョコスプレー〕ハマナカ ピッコロ こげ茶（17）、茶色（21）、白（1）、濃ピンク(5)、濃オレンジ(7)、水色(12)、黄色(42)、ミントグリーン(57)
〔ホワイトチョコ＆ストロベリー〕ハマナカ ピッコロ 白（1）、茶色（21）、濃ピンク（5）
★用具
4/0号かぎ針
★その他
手芸わた

レモンの口 こげ茶（1本）

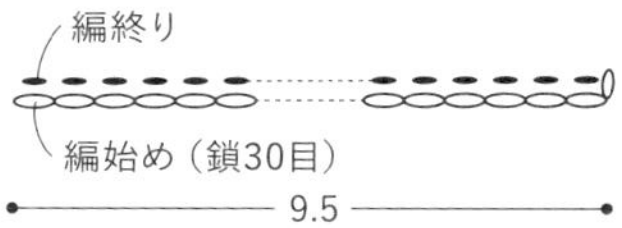

レモンの目
こげ茶（2枚）

抹茶の飾り
オフホワイト（1枚）

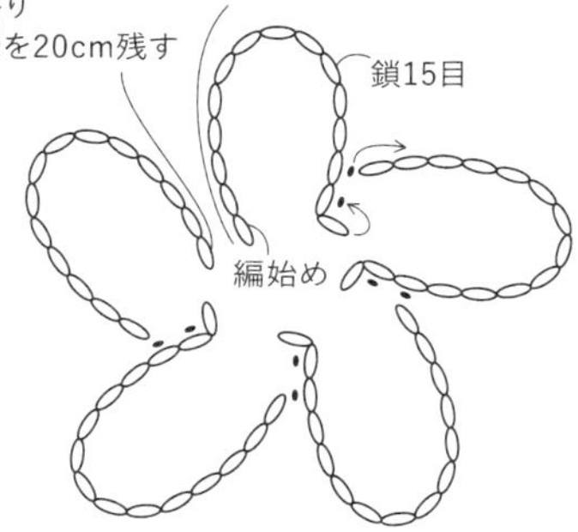

プレーン 茶色
レモン　抹茶　ラズベリー　チョコスプレー
ホワイトチョコ&ストロベリー
（各1枚）

□ はA色
■ は茶色

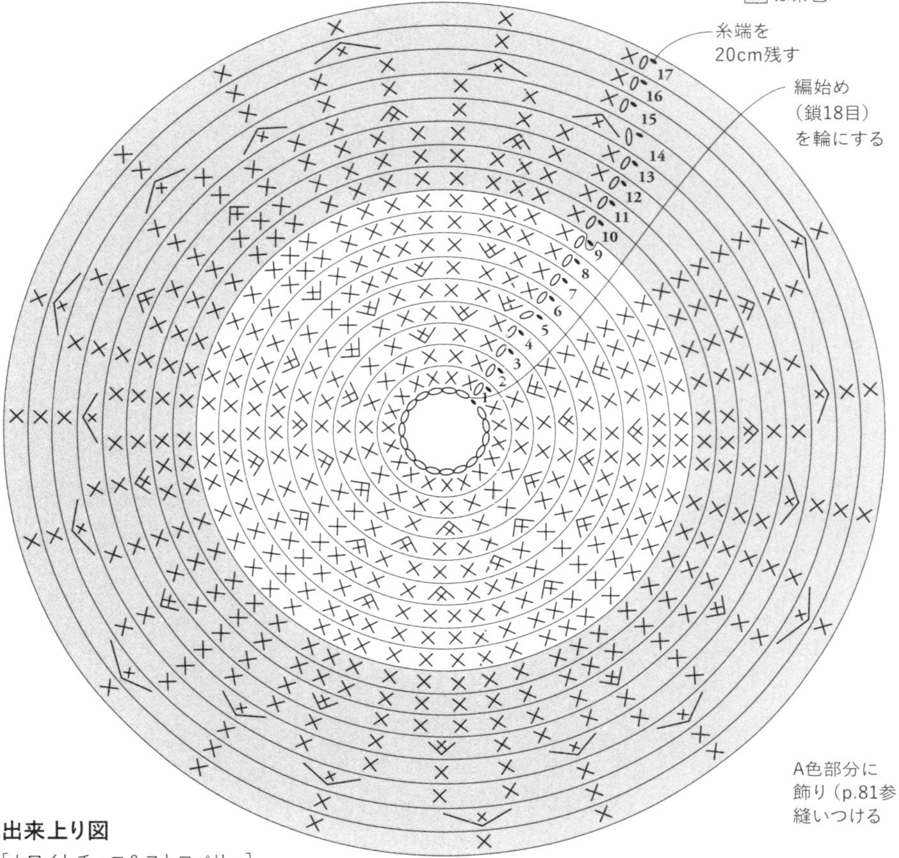

糸端を20cm残す
編始め（鎖18目）を輪にする

配色表

	A色
レモン	クリーム色
抹茶	モスグリーン
ラズベリー	ピンク
チョコスプレー	こげ茶
ホワイトチョコ&ストロベリー	白

段	目数
17	18
16	18（−6）
15	24（−6）
14	30（−6）
13	36（−6）
12	42（−6）
8〜11	48
7	48（+6）
6	42（+6）
5	36（+6）
4	30（+6）
3	24（+6）
2	18
1	18

ドーナツの仕上げ方

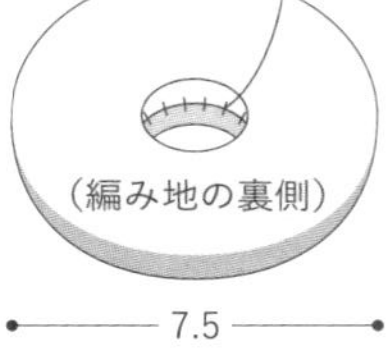

中表に折り、わたを入れて編始めと編終りを巻きかがり
（編み地の裏側）
7.5

出来上り図

［抹茶］

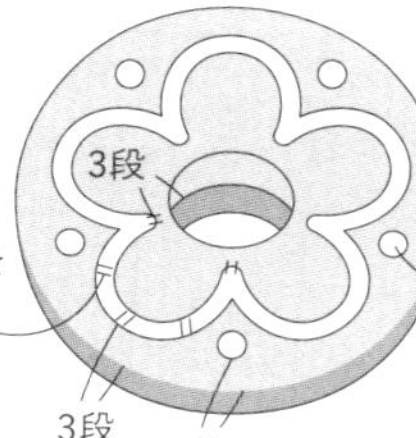

3段
A色部分に飾り（p.81参照）を縫いつける
オフホワイトでフレンチノット・ステッチ（p.49参照）
3段
4段

［ホワイトチョコ&ストロベリー］

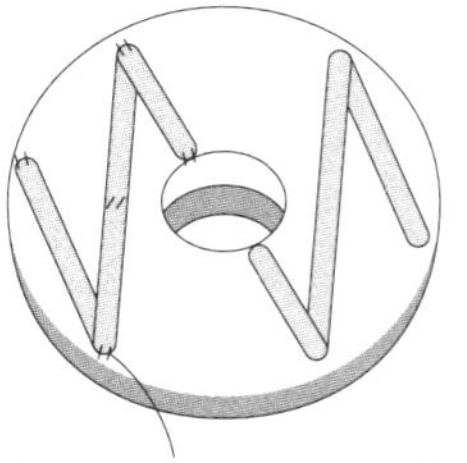

濃ピンクで鎖50目を2本編み、編み地の裏側を表にして、A色部分に縫いつける

［チョコスプレー］

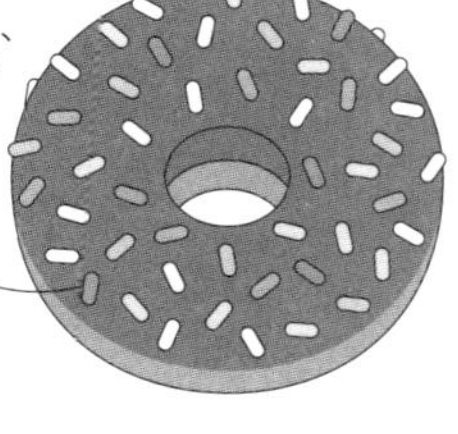

A色部分に白、黄色、濃ピンク、濃オレンジ、水色、ミントグリーンでストレート・ステッチ（p.49参照）

［ラズベリー］

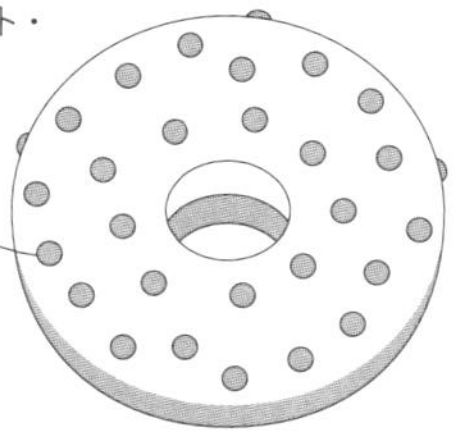

A部分に赤でフレンチノット・ステッチ（p.49参照）

［レモン］

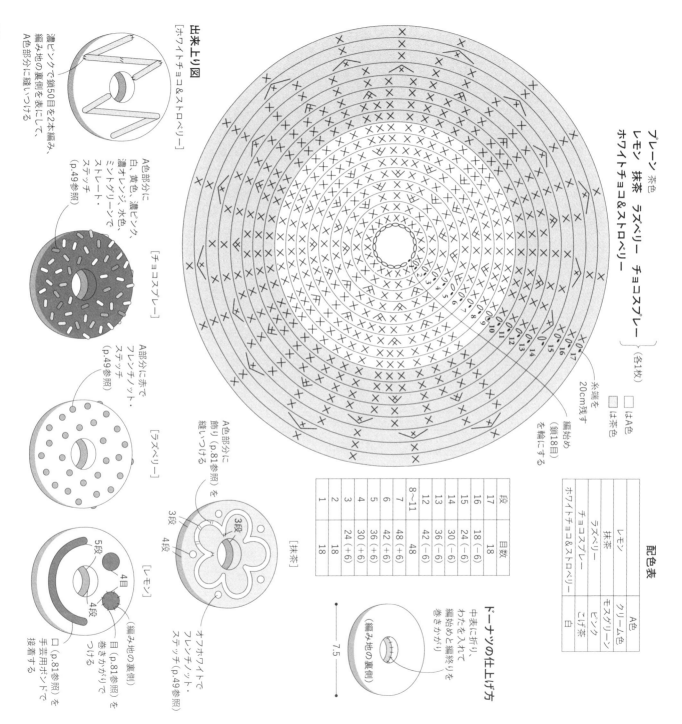

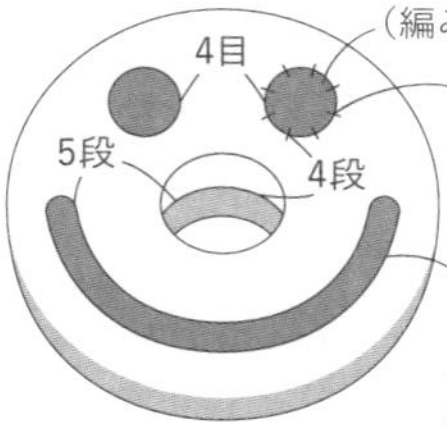

4目
（編み地の裏側）
目（p.81参照）を巻きかがりでつける
5段
4段
口（p.81参照）を手芸用ボンドで接着する

おでん

写真★p.12

★糸（使用量はすべて少量）
〔**大根**〕ハマナカ ピッコロ ベージュ（16）、ハマナカ ティノ ベージュ（3）
〔**鶏つくね**〕ハマナカ ピッコロ 茶色（21）
〔**ごぼう巻き**〕ハマナカ ピッコロ 茶色（21）、カフェオレ（38）
〔**ソーセージ**〕ハマナカ ピッコロ アプリコット（28）、ベージュ（16）
〔**つみれ**〕ハマナカ ピッコロ 薄グレー（33）
〔**がんもどき**〕ハマナカ ピッコロ カフェオレ（38）、黒（20）、濃オレンジ（7）
〔**白滝**〕ハマナカ ピッコロ オフホワイト（2）
〔**昆布**〕ハマナカ ピッコロ 深緑（35）
〔**もち入り巾着**〕ハマナカ ラブボニー 黄土色（127）、ハマナカ ピッコロ ベージュ（16）
〔**ロールキャベツ**〕ハマナカ ウオッシュコットン 若草色（21）、ハマナカ ピッコロ ベージュ（16）
〔**厚揚げ**〕ハマナカ ラブボニー 黄土色（127）、ハマナカ ピッコロ オフホワイト（2）
〔**こんにゃく**〕ハマナカ ピッコロ 濃グレー（50）
〔**はんぺん**〕ハマナカ ピッコロ 白（1）
〔**たまご（ゆでたまご）**〕ハマナカ ピッコロ オフホワイト（2）、レモン色（8）→p.50
〔**からし**〕ハマナカ ピッコロ からし色（27）→p.60
〔**小皿**〕ハマナカ ラブボニー オフホワイト（101）→p.68

★用具
〔**小皿**〕5/0号かぎ針
〔**指定以外**〕4/0号かぎ針

★その他
〔**大根、鶏つくね、ごぼう巻き、ソーセージ、つみれ、がんもどき、もち入り巾着、厚揚げ、こんにゃく、はんぺん、たまご（ゆでたまご）**〕手芸わた
〔**鶏つくね、ソーセージ**〕つまようじ

大根 ベージュ（1枚）

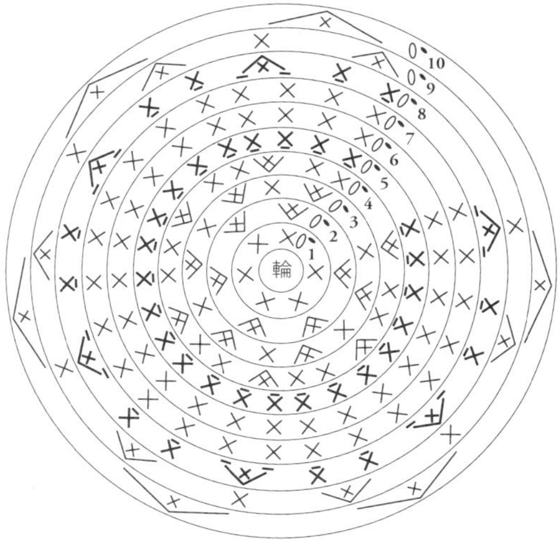

＊編み地の裏側を表にする
＊編終りはわたを入れて最終段の目の頭に糸を通して絞る

段	目数	
10	6（−6）	
9	12（−6）	
8	**18（−6）**	変り筋編み
6、7	24	
5	**24**	変り筋編み
4	24（+6）	
3	18（+6）	
2	12（+6）	
1	6	

＝変り筋編み
鎖の手前の1本だけをすくって細編みを編む

＝変り筋編みを2目一度
鎖の手前の1本だけをすくって細編み2目一度を編む

大根の仕上げ方

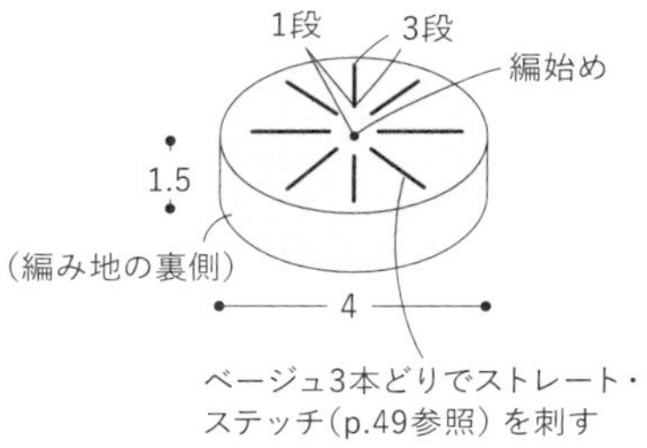

鶏つくね 茶色（2枚）

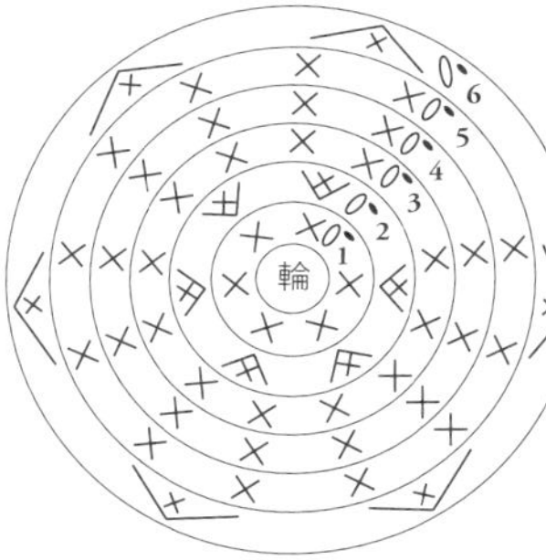

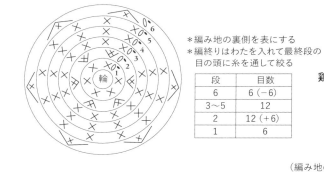

＊編み地の裏側を表にする
＊編終りはわたを入れて最終段の目の頭に糸を通して絞る

段	目数
6	6（−6）
3～5	12
2	12（+6）
1	6

鶏つくねの仕上げ方

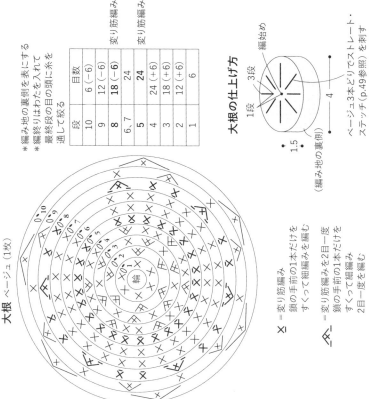

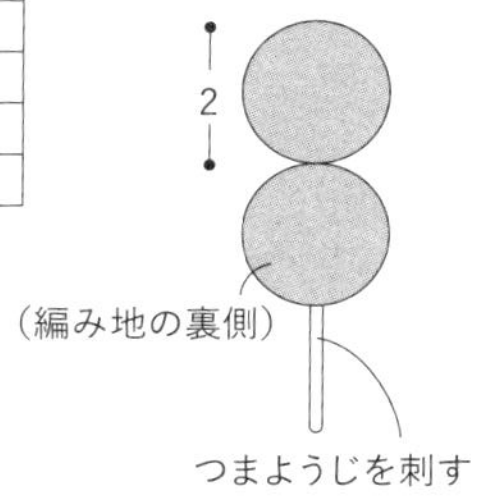

ごぼう巻きの本体 茶色（1枚）
ソーセージ アプリコット（1枚）

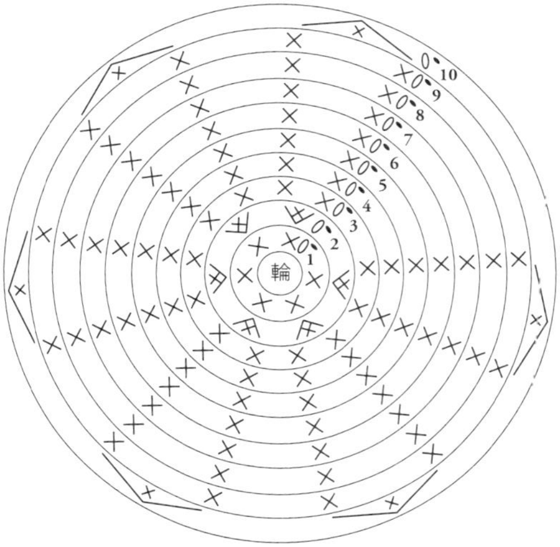

＊編み地の裏側を表にする
＊編終りはわたを入れて最終段の目の頭に糸を通して絞る

段	目数
10	6（−6）
3〜9	12
2	12（+6）
1	6

ごぼう巻きのごぼう
カフェオレ（2枚）

ソーセージの仕上げ方

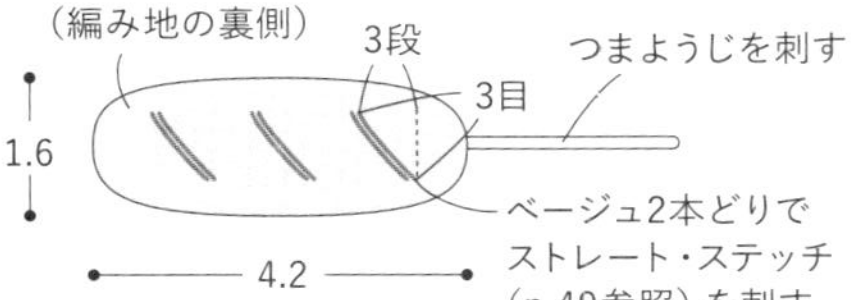

ごぼう巻きの仕上げ方

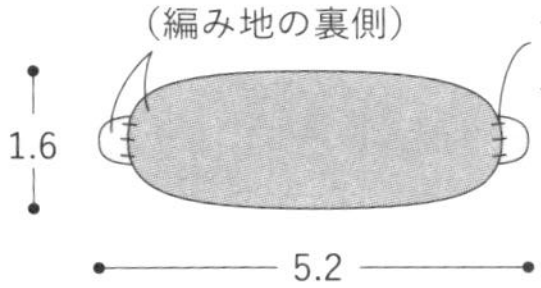

つみれ 薄グレー（1枚）
がんもどき カフェオレ（1枚）

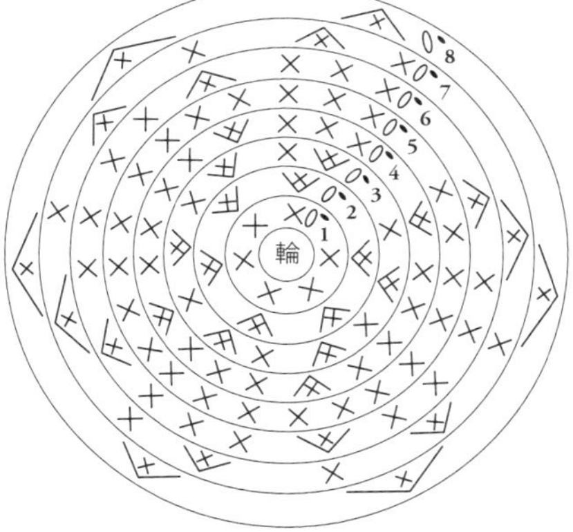

＊編み地の裏側を表にする
＊編終りはわたを入れて最終段の目の頭に糸を通して絞る（中心に糸を通して絞り、へこませる）

段	目数
8	6（−6）
7	12（−6）
6	18（−4）
5	22
4	22（+4）
3	18（+6）
2	12（+6）
1	6

白滝 オフホワイト（1個）

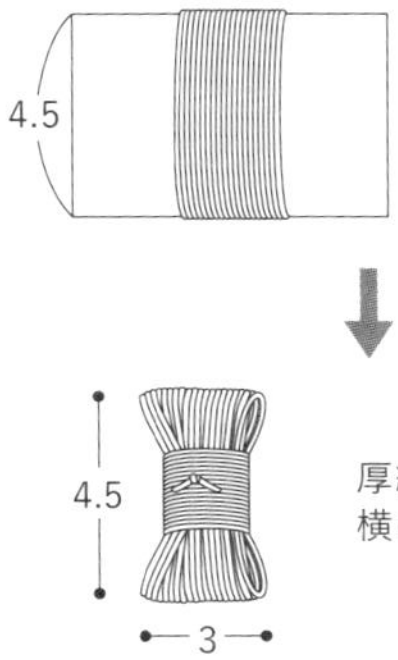

4cmの厚紙に糸を30回巻きつける

厚紙から糸を外し、横に30回巻きつけて結ぶ

がんもどきの仕上げ方

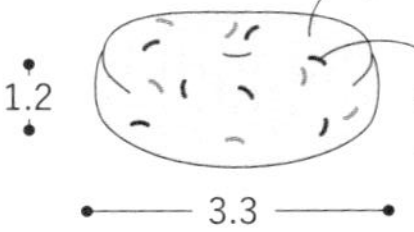

昆布 深緑（1枚）

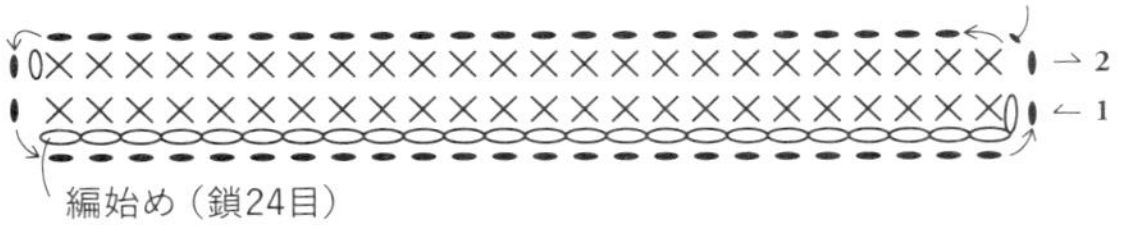

昆布の仕上げ方

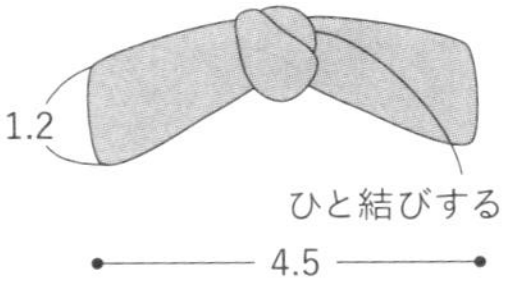

もち入り巾着の油揚げ 黄土色（1枚）
ロールキャベツのキャベツ 若草色（1枚）

*もち入り巾着の黄土色は3本によってある毛糸をほどいて2本どりで編む

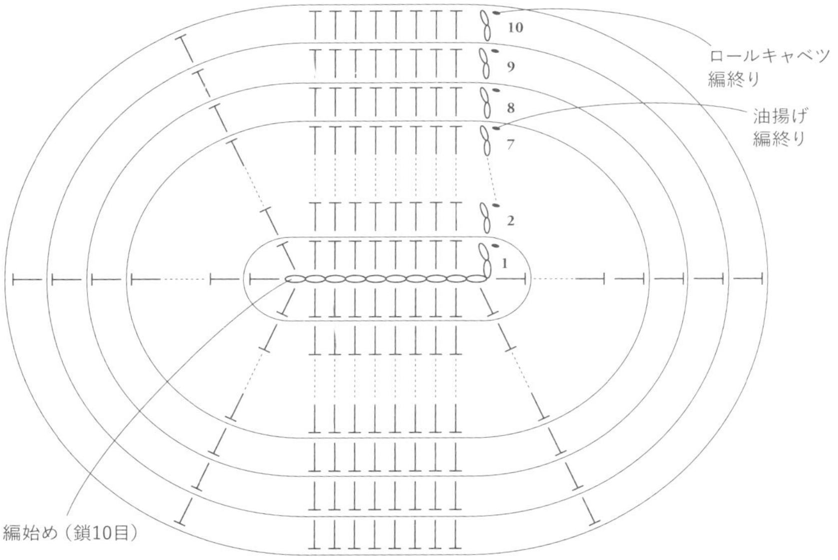

もち入り巾着のかんぴょう ベージュ（1本）

ロールキャベツのかんぴょう
ベージュ（1本）

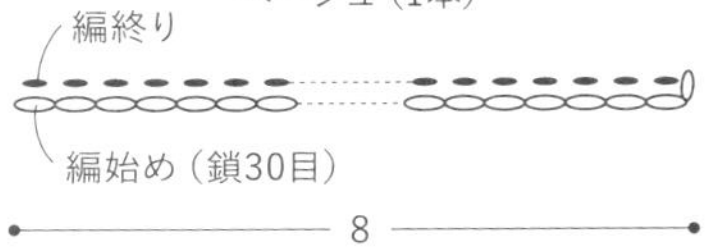

もち入り巾着の仕上げ方

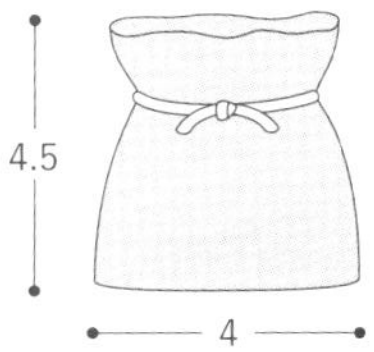

油揚げの中にわたを入れてかんぴょうで結ぶ

ロールキャベツの仕上げ方

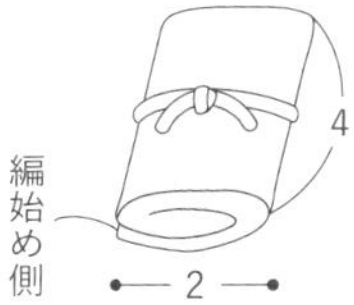

キャベツを三つ折りにしてかんぴょうで結ぶ

厚揚げa（1枚）
こんにゃくa 濃グレー（1枚）
はんぺんa 白（1枚）

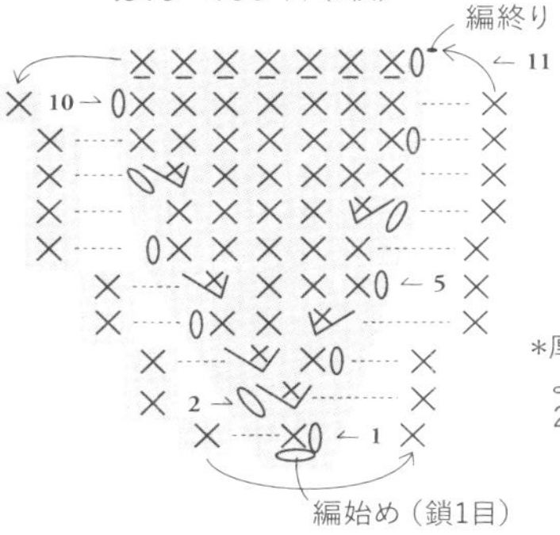

厚揚げの配色
□ は黄土色
□ はオフホワイト

*厚揚げの黄土色は3本によってある毛糸をほどいて2本どりで編む

厚揚げb 黄土色（1枚）
こんにゃくb 濃グレー（1枚）
はんぺんb 白（1枚）

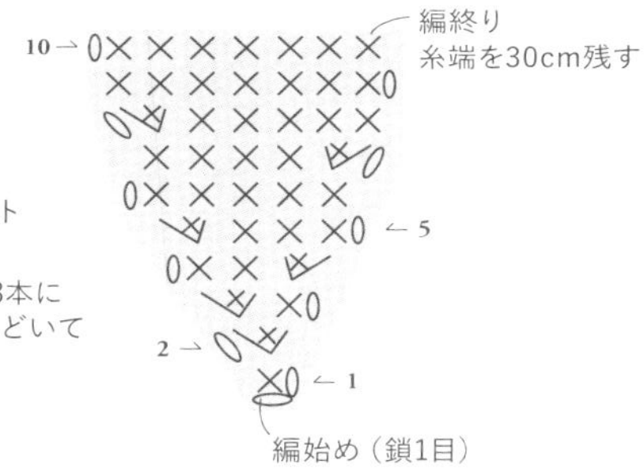

厚揚げ、こんにゃく、はんぺんの仕上げ方

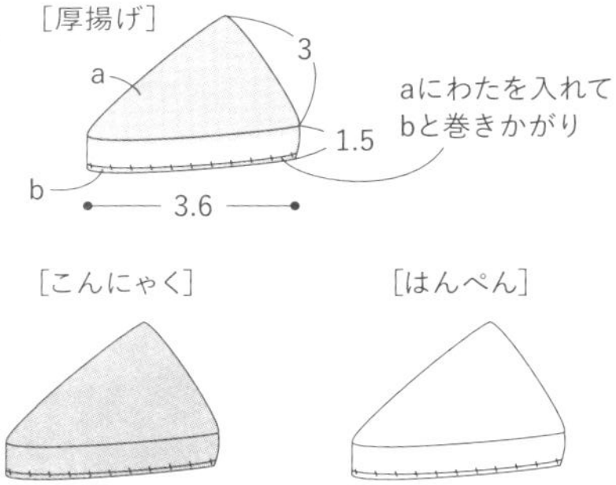

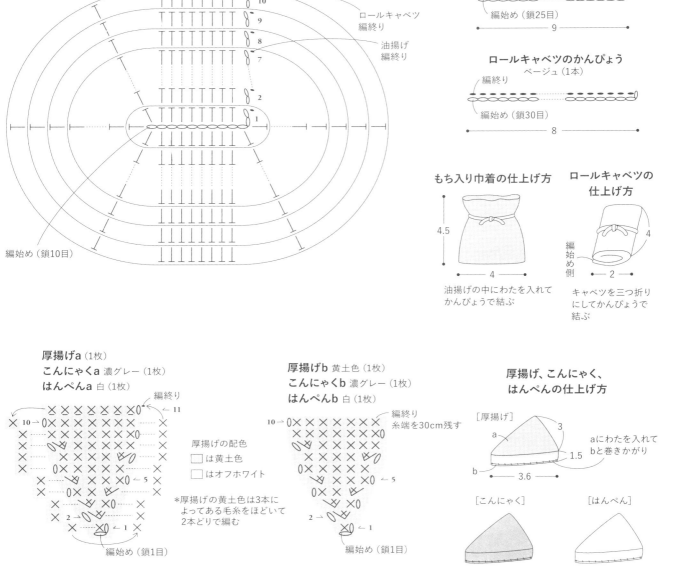

ホットドッグ

写真 ★ p.30

★糸（使用量はすべて少量）
〔ドッグパン〕ハマナカ ピッコロ 茶色（21）、オフホワイト（2）
〔ソーセージ〕ハマナカ ピッコロ アプリコット（28）
〔ケチャップ〕ハマナカ ピッコロ 赤（6）
〔マスタード〕ハマナカ ピッコロ レモン色（8）
★用具
4/0号かぎ針
★その他
〔ドッグパン、ソーセージ〕手芸わた
〔ソーセージ〕手芸用ボンド

ソーセージ アプリコット（1枚）

＊編み地の裏側を表にする
＊編終りはわたを入れて
　最終段の目の頭に
　糸を通して絞る

段	目数
32	6（−6）
3〜31	12
2	12（+6）
1	6

ケチャップ 赤（1本）
マスタード レモン色（1本）

ソーセージの仕上げ方

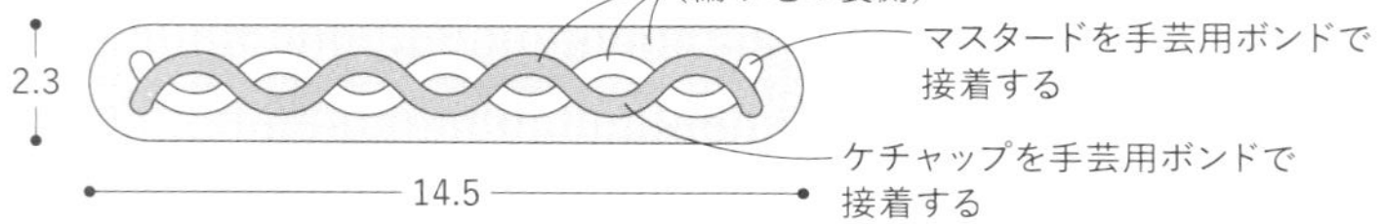

ドッグパンの外側 茶色（2枚）
ドッグパンの切り口側 オフホワイト（2枚）

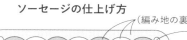

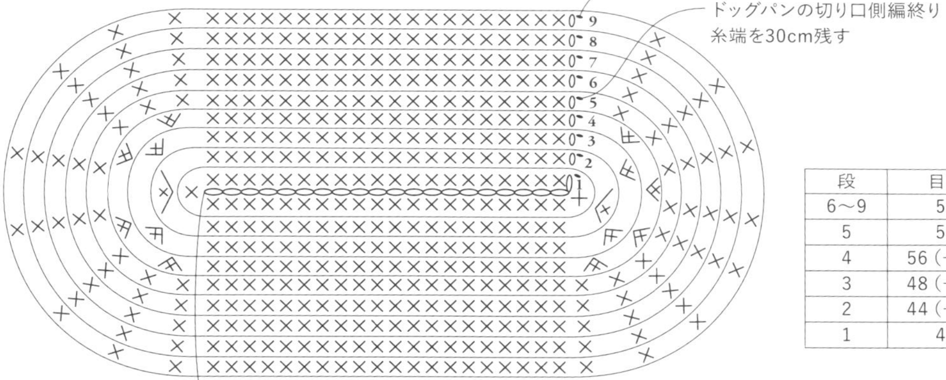

段	目数
6〜9	56
5	56
4	56（+8）
3	48（+4）
2	44（+2）
1	42

切り口側編終り

ドッグパンの仕上げ方

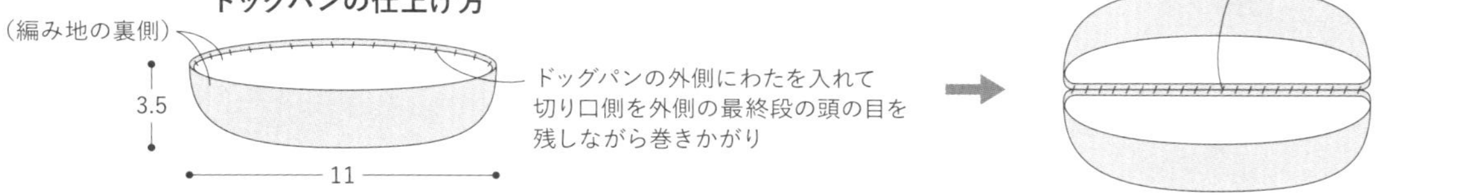

ナポリタン

写真★p.33

★糸（使用量はすべて少量）
〔ナポリタンの麺〕 ハマナカ ラブボニー オレンジ（106） 14g
〔ソーセージ〕 ハマナカ ピッコロ アプリコット（28）→ p.81
〔ピーマン〕 ハマナカ ピッコロ 緑（24）→ p.81
〔マッシュルーム〕 ハマナカ ラブボニー 黄土色（127）→ p.81
★用具
4/0号かぎ針

出来上り図

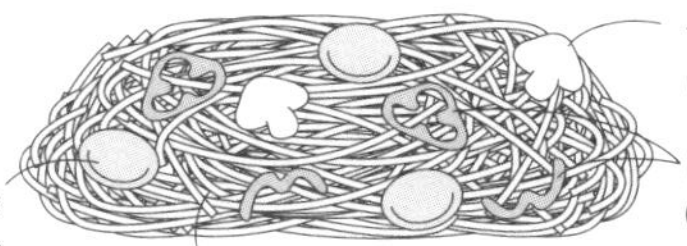

マッシュルーム
（p.81参照）
ピーマンa、b
（p.81参照）
ソーセージ
（p.81参照）
オレンジを30cmに
適量カットして麺にする

オムライス

写真★p.32

★糸（使用量は指定以外は少量）
〔オムライス〕 ハマナカ ピッコロ 黄色（42） 10g
〔ケチャップ〕 ハマナカ ピッコロ 赤（6）
〔パセリ〕 ハマナカ ピッコロ 緑（24）→ p.64
〔レタス〕 ハマナカ わんぱくデニス 黄緑（53）→ p.66
〔ミニトマト〕 ハマナカ ピッコロ 赤（6）、緑（24）→ p.66
★用具
〔レタス〕 5/0号かぎ針　**〔ミニトマト〕** 3/0号かぎ針
〔指定以外〕 4/0号かぎ針
★その他
〔オムライス、ミニトマト〕 手芸わた

仕上げ方

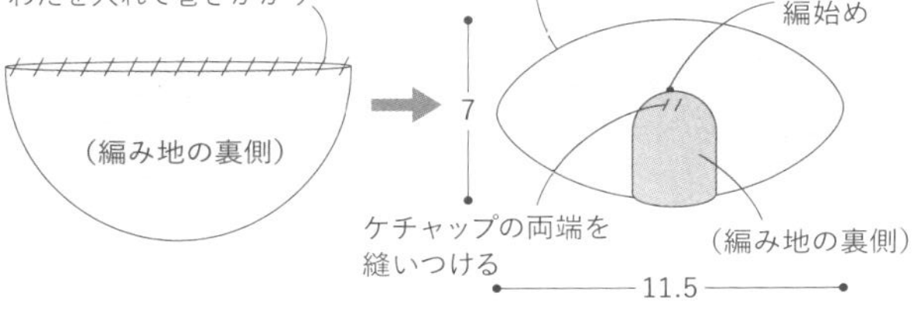

オムライスを中表に半分に折り、
わたを入れて巻きかがり
（編み地の裏側）
巻きかがり部分を下にして
オムライスの形を整える
オムライスの
編始め
7
ケチャップの両端を
縫いつける
（編み地の裏側）
11.5

オムライス 黄色（1枚）

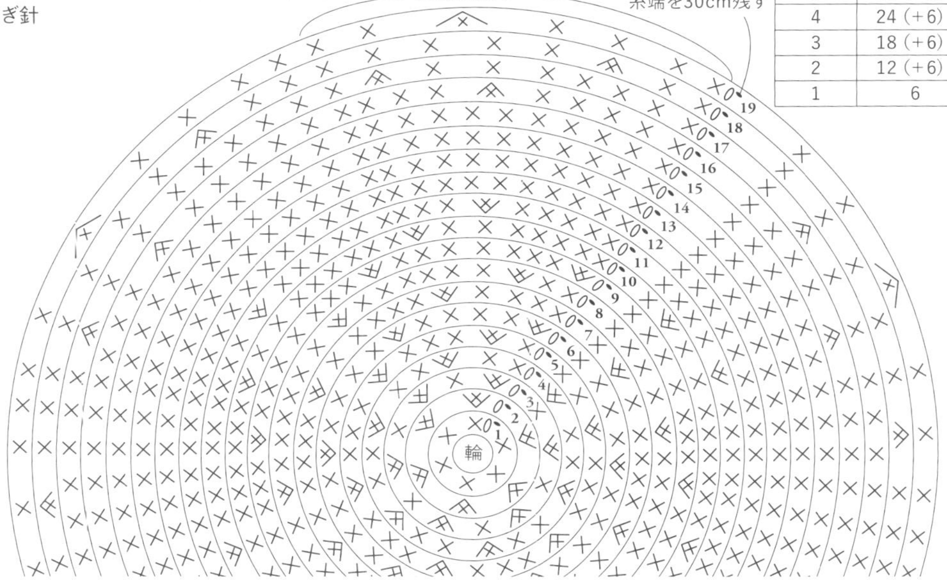

6回繰り返す
糸端を30cm残す
輪

段	目数
19	42（−6）
18	48（−6）
17	54（−6）
16	60（−6）
12〜15	66
11	66（+6）
10	60（+6）
9	54（+6）
8	48（+6）
7	42（+6）
6	36（+6）
5	30（+6）
4	24（+6）
3	18（+6）
2	12（+6）
1	6

ケチャップ 赤（1枚）

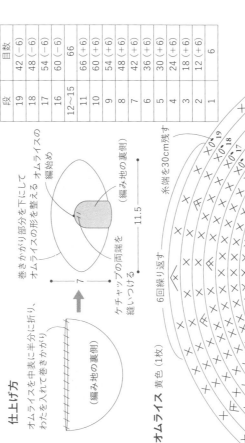

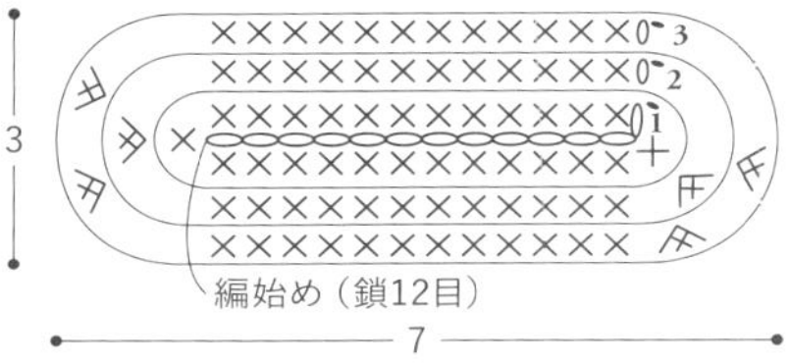

3
編始め（鎖12目）
7

段	目数
3	32（+4）
2	28（+2）
1	26

ホットケーキ

写真★p.34

★糸（使用量は指定以外は少量）
〔ホットケーキ〕ハマナカ ピッコロ 茶色（21）15g、クリーム色（41）
〔バター〕ハマナカ ピッコロ クリーム色（41）
★用具
4/0号かぎ針
★その他
手芸わた

バター クリーム色（1枚）

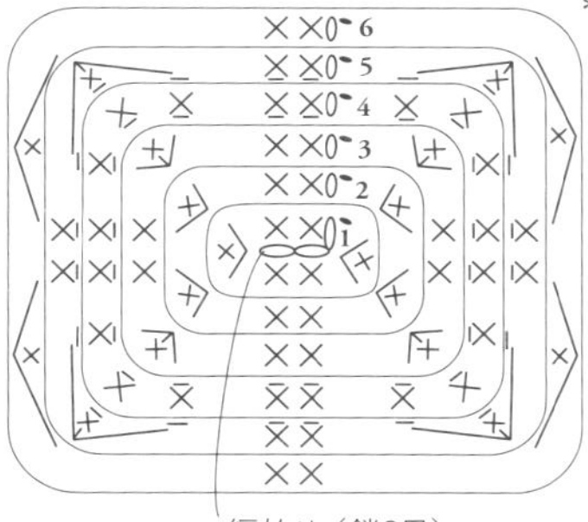

＊編終りはわたを入れて最終段の向かい合う目の頭を巻きかがり

段	目数
6	8（−4）
5	**12（−8）**
4	**20**
3	20（+8）
2	12（+4）
1	8

筋編み（4〜5段）

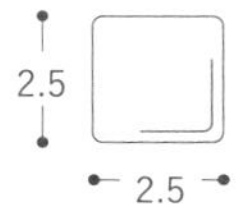

＊編み地の裏側を表にする
＊編終りはわたを入れて最終段の目の頭に糸を通して絞る

段	目数
28	6（−6）
27	12（−6）
26	18（−6）
25	24（−6）
24	30（−6）
23	36（−6）
22	42（−6）
21	48（−6）
20	54（−6）
19	60（−6）
18	66（−6）
17	72（−6）
14〜16	78
13	78（+6）
12	72（+6）
11	66（+6）
10	60（+6）
9	54（+6）
8	48（+6）
7	42（+6）
6	36（+6）
5	30（+6）
4	24（+6）
3	18（+6）
2	12（+6）
1	6

出来上り図

ホットケーキ（2枚）

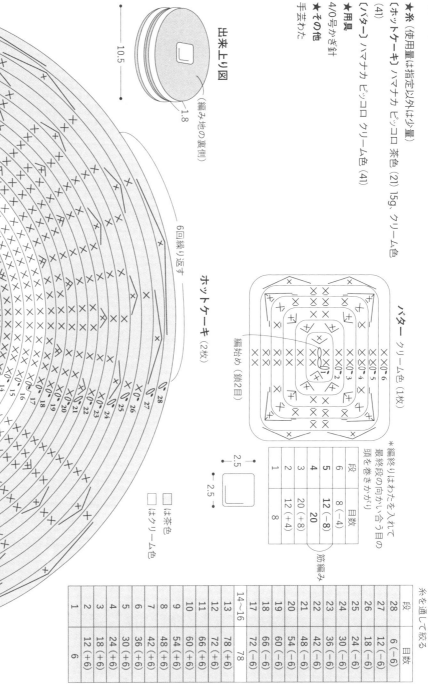

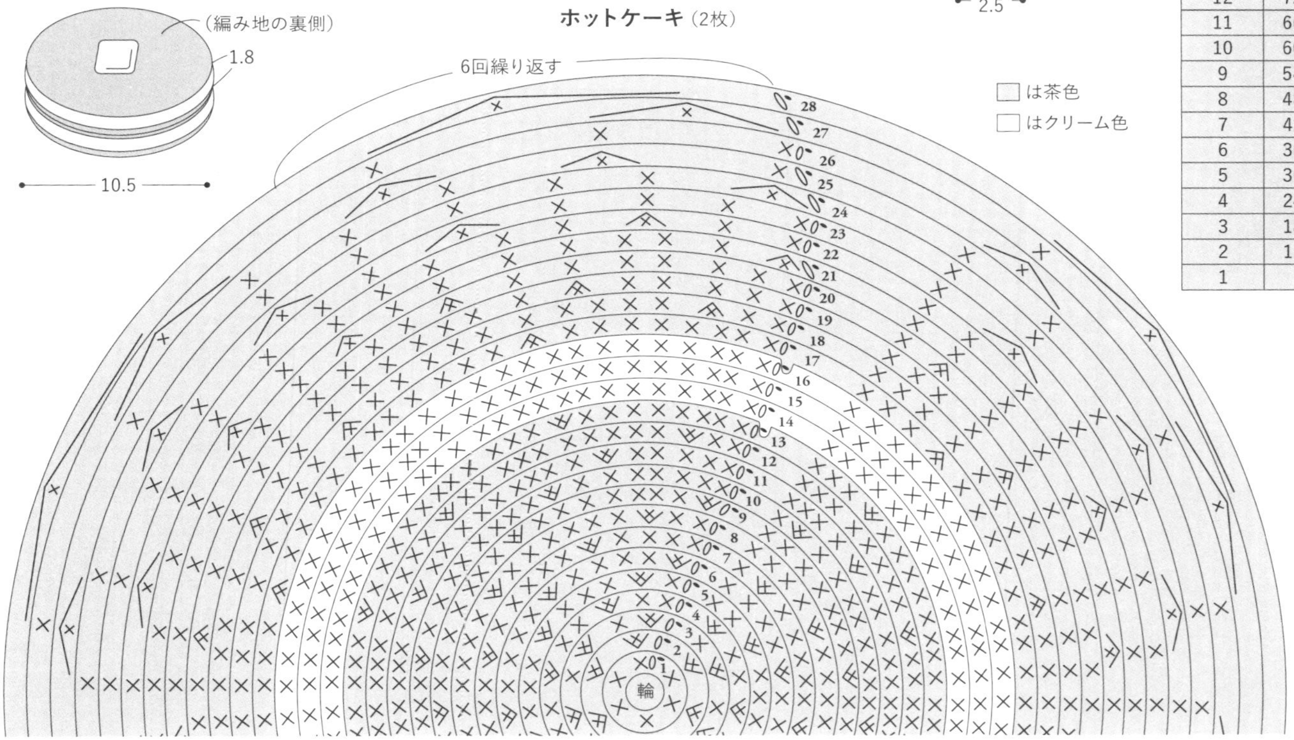

クリームソーダ

写真★p.35

★糸（使用量はすべて少量）
〔メロンソーダ〕ハマナカ ピッコロ 黄緑（9）、白（1）
〔いちごソーダ〕ハマナカ ピッコロ ピンク（4）、白（1）
〔ブルーハワイソーダ〕ハマナカ ピッコロ 水色（12）、白（1）
〔アイスクリーム〕ハマナカ itoa あみぐるみが編みたくなる糸 クリーム色（321）
〔さくらんぼ〕ハマナカ ピッコロ 朱赤（26）→p.90
★用具
〔ソーダのグラス、ソーダの脚〕6/0号かぎ針
〔アイスクリーム〕4/0号かぎ針
〔さくらんぼ〕3/0号かぎ針
★その他
〔共通〕手芸わた
〔さくらんぼ〕手芸用ボンド

ソーダのグラス 指定の糸2本どり（各1枚）

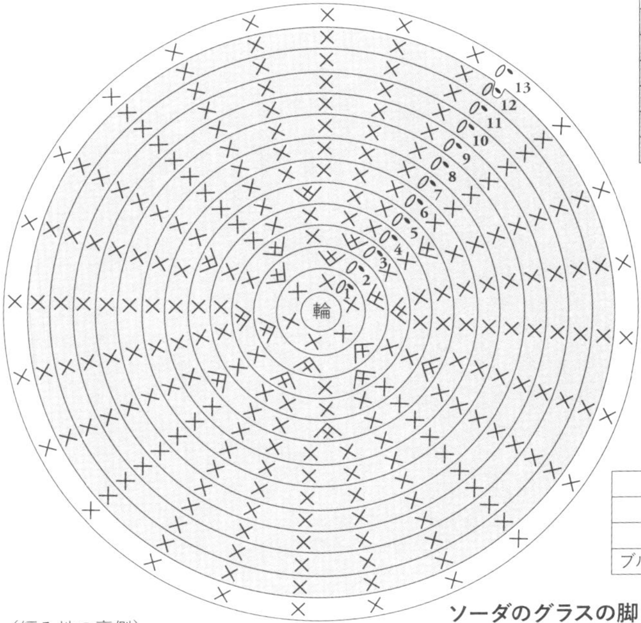

段	目数
13	24
6〜12	24
5	24（+6）
4	18
3	18（+6）
2	12（+6）
1	6

□はA色
□は白

配色表

	A色
メロン	黄緑
いちご	ピンク
ブルーハワイ	水色

ソーダのグラスの脚 白2本どり（各1枚）
グラスの1段めの細編みの柱から6目拾い、細編みで図のように5段編む

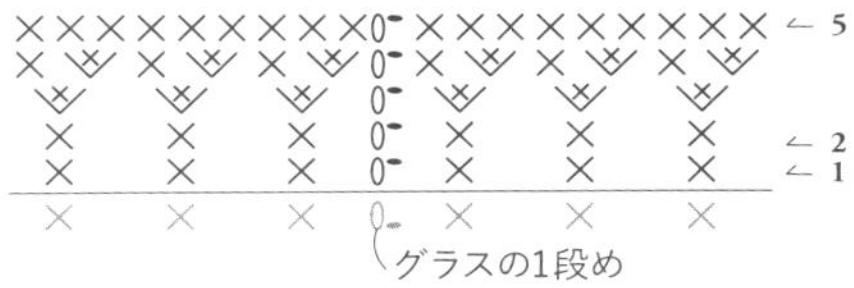

段	目数
5	18
4	18（+6）
3	12（+6）
1、2	6

アイスクリーム クリーム色（各1枚）

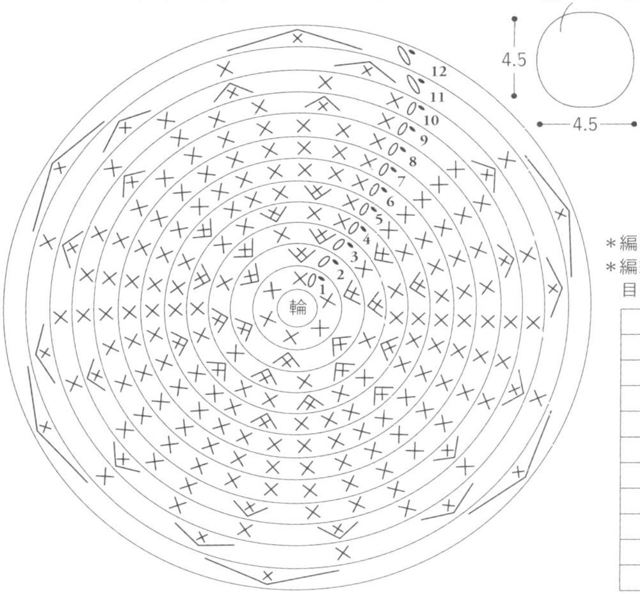

＊編み地の裏側を表にする
＊編終りはわたを入れて最終段の目の頭に糸を通して絞る

段	目数
12	6（−6）
11	12（−6）
10	18（−6）
9	24（−6）
6〜8	30
5	30（+6）
4	24（+6）
3	18（+6）
2	12（+6）
1	6

仕上げ方

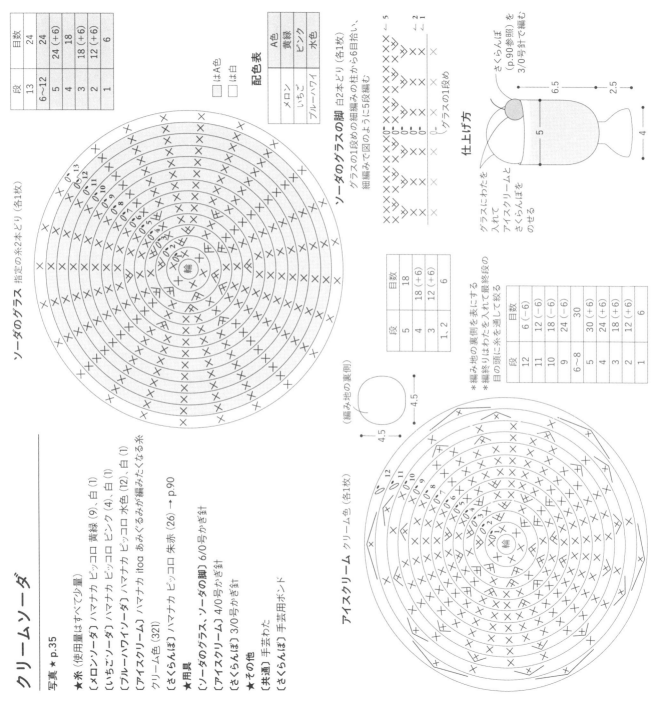

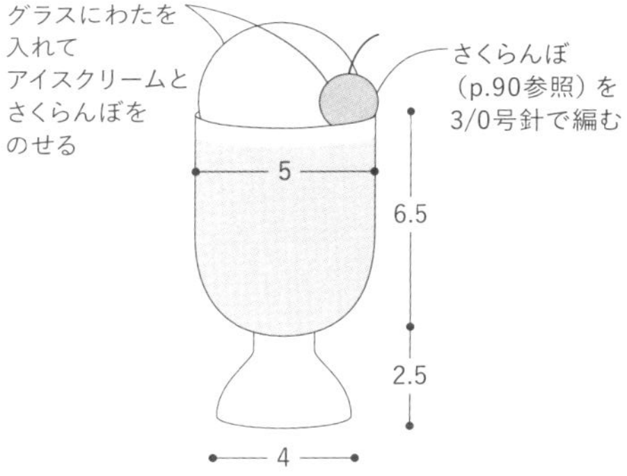

プリン、プリン・ア・ラ・モード

写真★p.36,37

★糸（使用量はすべて少量）

〔プリン〕ハマナカ ピッコロ こげ茶（17）、クリーム色（41）

〔さくらんぼ〕ハマナカ ピッコロ 朱赤（26）

〔りんご〕ハマナカ ピッコロ オフホワイト（2）、朱赤（26）

〔みかん〕ハマナカ ピッコロ 山吹色（25）、ハマナカ ティノ 白（1）

〔キウイ〕ハマナカ ピッコロ 白（1）、薄緑（56）、ハマナカ ティノ 白（1）、黒（15）

〔バナナ〕ハマナカ ピッコロ オフホワイト（2）、黄色（42）、ハマナカ ティノ こげ茶（14）

〔いちご〕ハマナカ ピッコロ 赤（6）、ハマナカ ティノ 白（1）→p.93

〔ホイップクリーム〕ハマナカ ピッコロ 白（1）→p.92

★用具

4/0号かぎ針

★その他

〔プリン、さくらんぼ、りんご、みかん、バナナ、いちご〕手芸わた

〔さくらんぼ〕手芸用ボンド

さくらんぼ 朱赤（1枚）

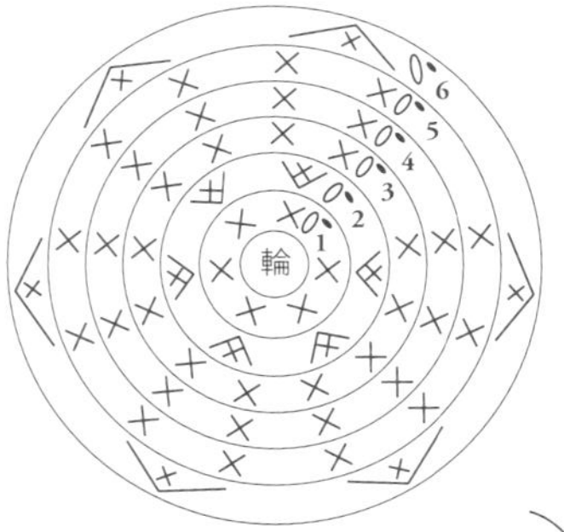

段	目数
6	6（−6）
3～5	12
2	12（+6）
1	6

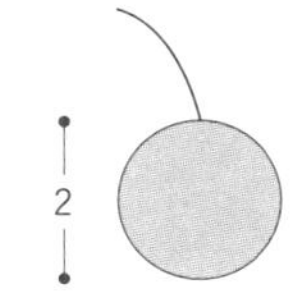

編終りはわたを入れ、最終段の目の頭に糸を通して絞り、1段めの中心から糸を出す引き出した糸に手芸用ボンドをつけて固め、3cm残して切る

＊編終りはわたを入れて最終段の目の頭に糸を通して絞る

段	目数	
25	12（−6）	
24	18（−6）	
23	24（−6）	
22	30（−6）	
21	36（−6）	
20	42（−6）	
19	48（−6）	
18	54（−6）	
17	**60**	筋編み
15、16	60	
14	60（+6）	
12、13	54	
11	54（+6）	
9、10	48	
8	**48（+6）**	筋編み
7	42（+6）	
6	36（+6）	
5	30（+6）	
4	24（+6）	
3	18（+6）	
2	12（+6）	
1	6	

□はこげ茶 □はクリーム色

プリン（1枚）

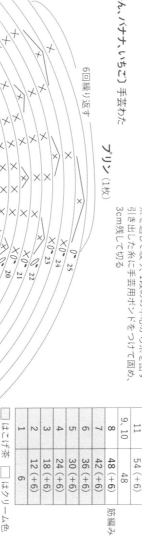

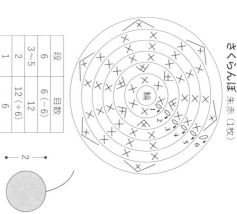

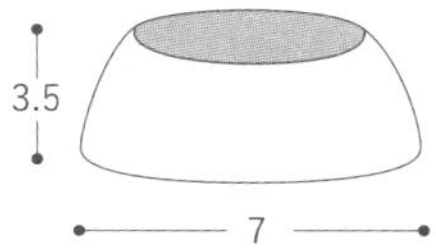

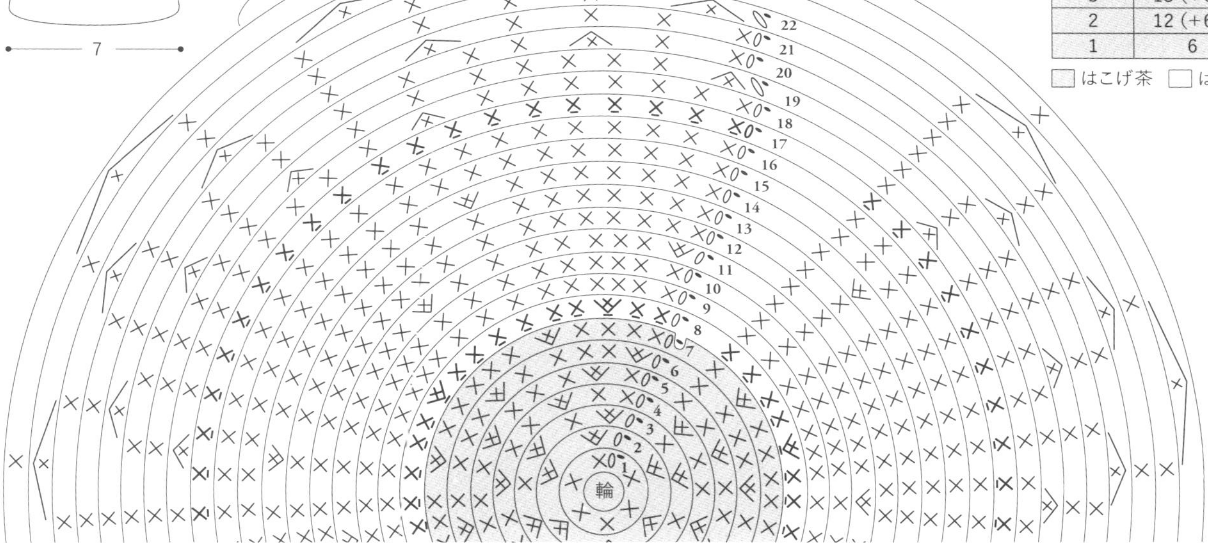

りんごa (1枚)
みかん 山吹色 (2枚)

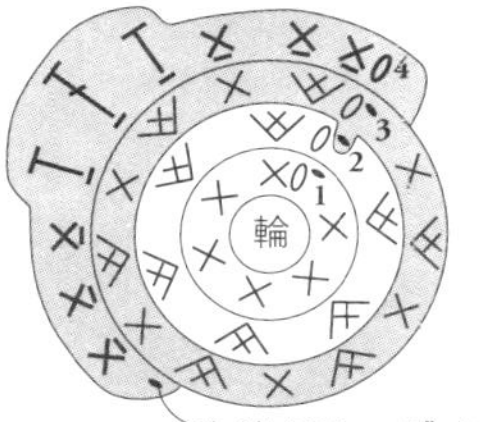

りんごa
□ はオフホワイト ■ は朱赤

＝変り筋編み
鎖の手前の1本だけを
すくって細編み、
中長編み、長編み、
細編み2目編み入れるを編む

糸端を30cm残す

段	目数	
4	**9**	変り筋編み
3	18 (+6)	
2	12 (+6)	
1	6	

りんごaの仕上げ方

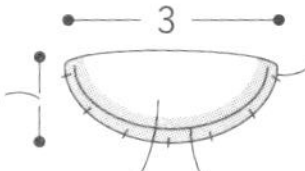

りんごb～d (各1枚)

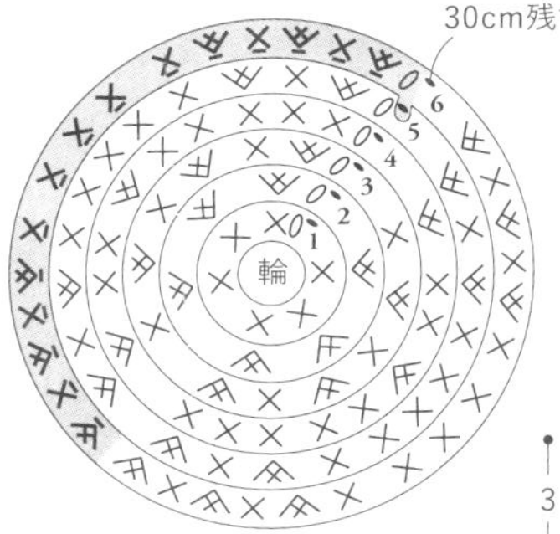

段	目数
6	42 (+12)
5	30 (+8)
4	22 (+4)
3	18 (+6)
2	12 (+6)
1	6

□ はオフホワイト ■ は朱赤

りんごb～dの仕上げ方

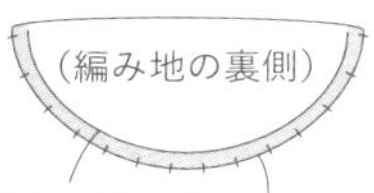

みかんの仕上げ方

りんごの仕上げ方

(横から見た図)

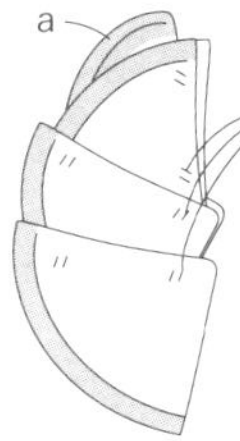

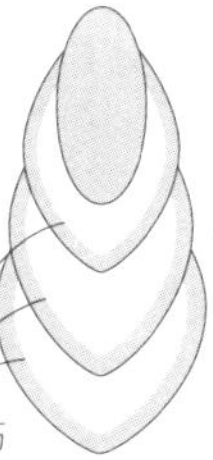

バナナ オフホワイト (各2枚)

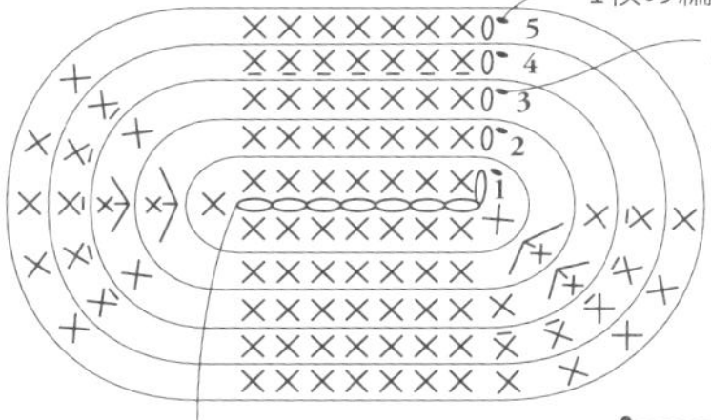

段	目数	
5	24	
4	**24**	筋編み
3	24 (+4)	← 2枚め編終り
2	20 (+4)	
1	16	

キウイ (4枚)

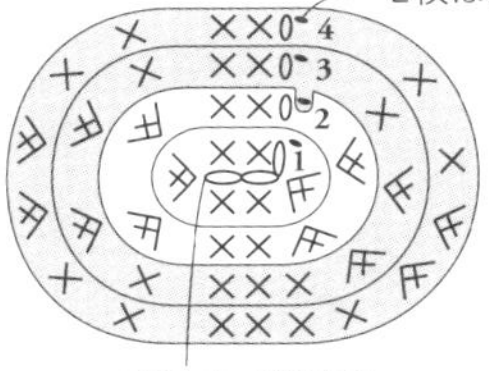

段	目数
4	20 (+4)
3	16 (+4)
2	12 (+4)
1	8

□ は白 □ は薄緑

バナナの仕上げ方

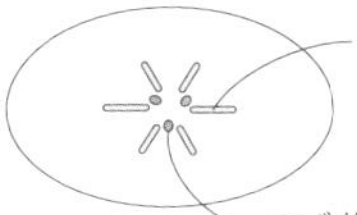

キウイの仕上げ方

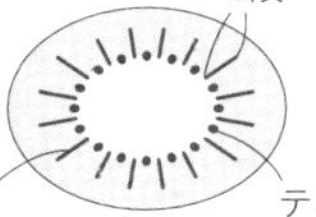

出来上り図

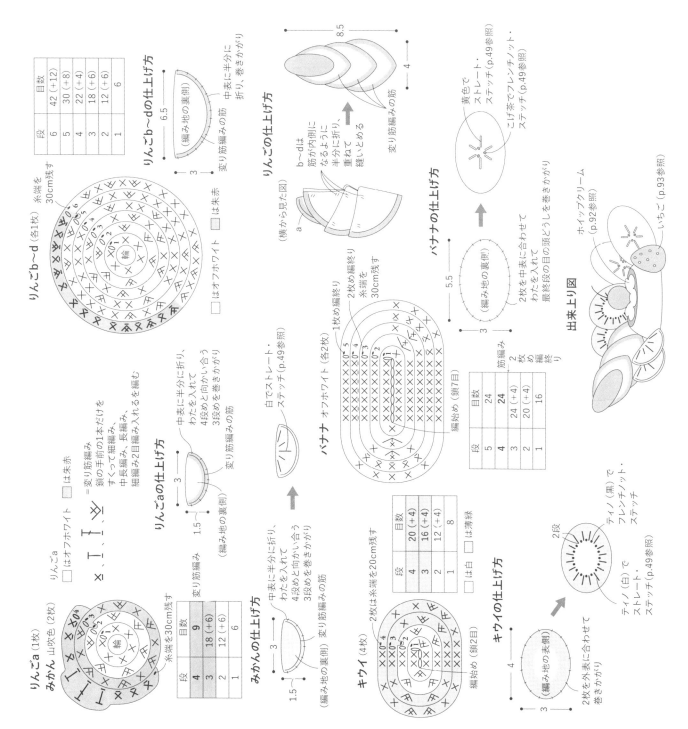

プチタルト＆プチケーキ

写真★p.40

★糸（使用量はすべて少量）
〔タルト生地〕ハマナカ ピッコロ 茶色（21）
〔カスタードクリーム〕ハマナカ ピッコロ クリーム色（41）
〔ホイップクリーム〕ハマナカ ピッコロ 白（1）
〔ミニホイップクリーム A（白）〕ハマナカ ラブボニー 白（125）
〔ミニホイップクリーム A（茶）〕ハマナカ ラブボニー こげ茶（119）
〔ミニホイップクリーム B（白）〕ハマナカ ピッコロ 白（1）
〔プチケーキ（ホワイト）〕ハマナカ ラブボニー 白（125）、ベージュ（103）
〔プチケーキ（チョコレート）〕ハマナカ ラブボニー ベージュ（103）こげ茶（119）、白（125）
〔ブルーベリー〕ハマナカ ピッコロ 紺（36）
〔いちご〕ハマナカ ピッコロ 赤（6）、ハマナカ ティノ 白（1）
〔キウイ〕ハマナカ ピッコロ 白（1）、薄緑（56）、ハマナカ ティノ 白（1）、黒（15）
〔みかん〕ハマナカ ピッコロ 山吹色（25）、ハマナカ ティノ 白（1）→p.91
〔さくらんぼ〕ハマナカ ピッコロ 朱赤（26）→p.90

★用具
〔プチケーキ、ミニホイップクリーム A〕6/0号かぎ針
〔指定以外〕4/0号かぎ針

★その他
〔プチタルト、プチケーキ、ブルーベリー、いちご、みかん、さくらんぼ〕手芸わた
〔さくらんぼ〕手芸用ボンド

タルト生地 茶色（各1枚）

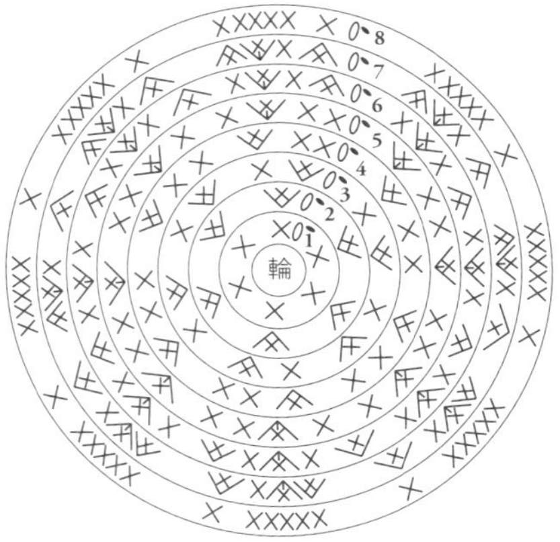

段	目数
8	48
7	48（±0）
6	48（+8）
5	40（+16）
4	24（+6）
3	18（+6）
2	12（+6）
1	6

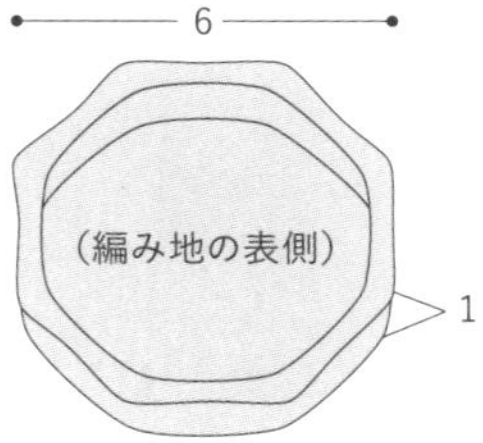

カスタードクリーム
クリーム色（各1枚）

段	目数	
6	**40**	変り筋編み
5	40（+16）	
4	24（+6）	
3	18（+6）	
2	12（+6）	
1	6	

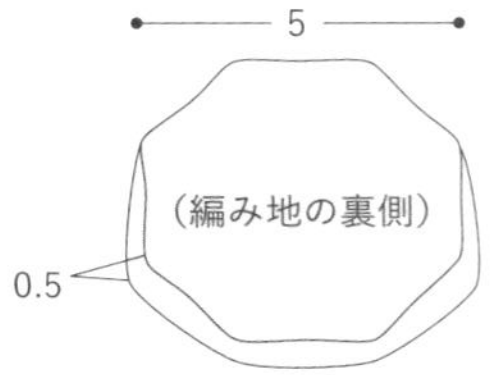

✕ ＝変り筋編み
鎖の手前の1本だけをすくって細編みを編む

ホイップクリーム 白（1枚）

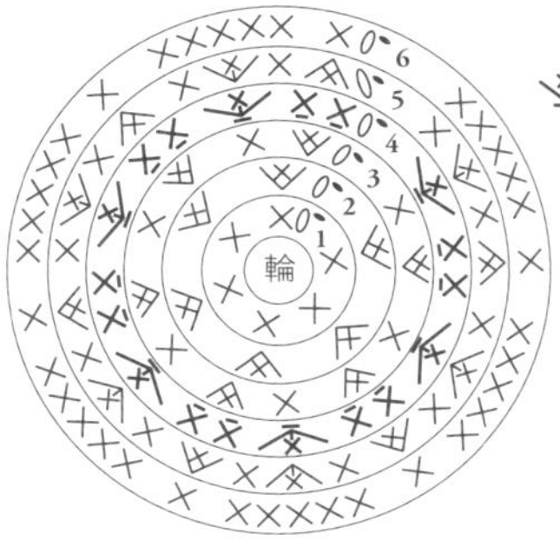

✕ ＝変り筋編み
鎖の手前の1本だけをすくって細編みを編む

⩡ ＝変り筋編み3目編み入れる
鎖の手前の1本だけをすくって細編みを3目編み入れる

段	目数	
6	36	
5	36（+6）	
4	**30（+12）**	変り筋編み
3	18（+6）	
2	12（+6）	
1	6	

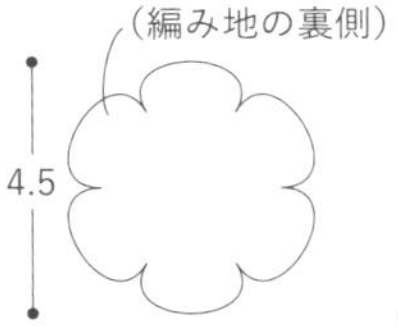

ブルーベリー 紺（3枚）

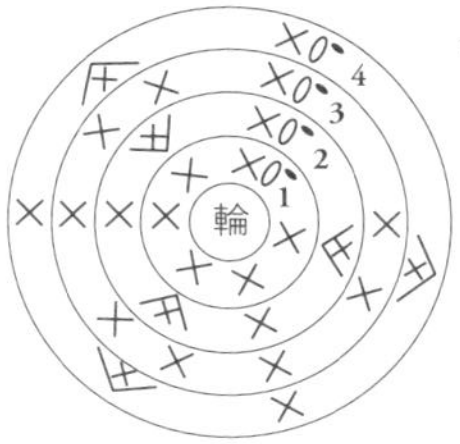

＊編終りはわたを入れて
最終段の目の頭に
糸を通して絞る

段	目数
4	6（−3）
3	9
2	9（+3）
1	6

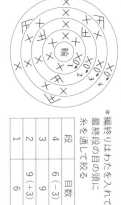

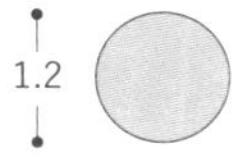

いちご 赤（2枚）

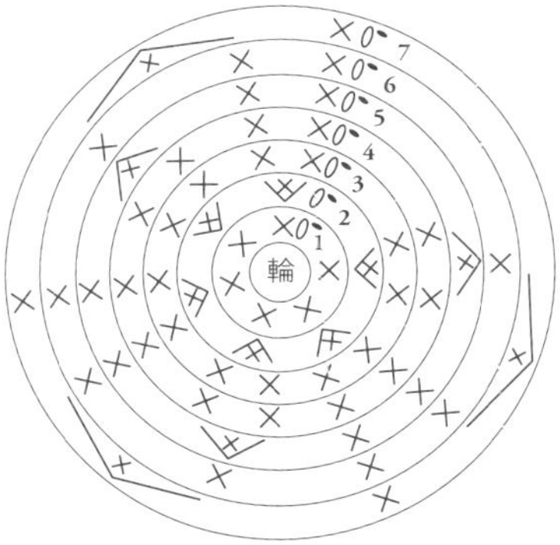

＊編終りはわたを入れて
最終段の目の頭に
糸を通して絞る

段	目数
7	6（−3）
6	9
5	9（−3）
4	12
3	12
2	12（+6）
1	6

いちごの仕上げ方

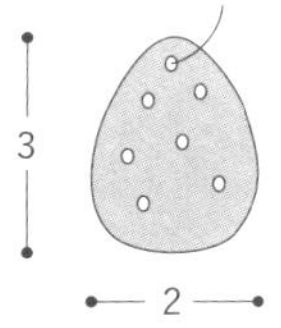

ミニホイップクリームA（白） ラブボニー 白（1枚）
ミニホイップクリームA（茶） ラブボニー こげ茶（1枚）
ミニホイップクリームB（白） ピッコロ 白（3枚）

＊編終りはわたを入れずに
最終段の目の頭に
糸を通して絞る

段	目数
3	6（−3）
2	9（+3）
1	6

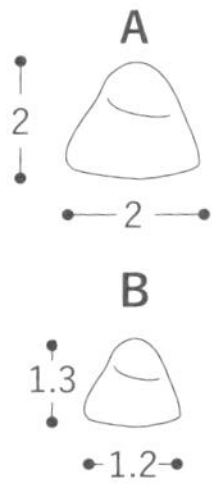

キウイ（2枚）

段	目数
4	24（+6）
3	18（+6）
2	12（+6）
1	6

□は白 ■は薄緑

キウイの仕上げ方

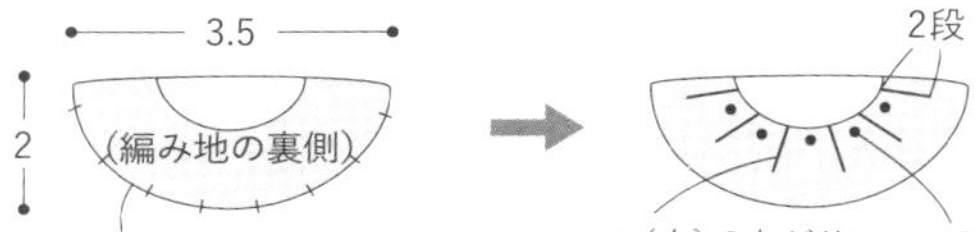

プチケーキの土台（各1枚）

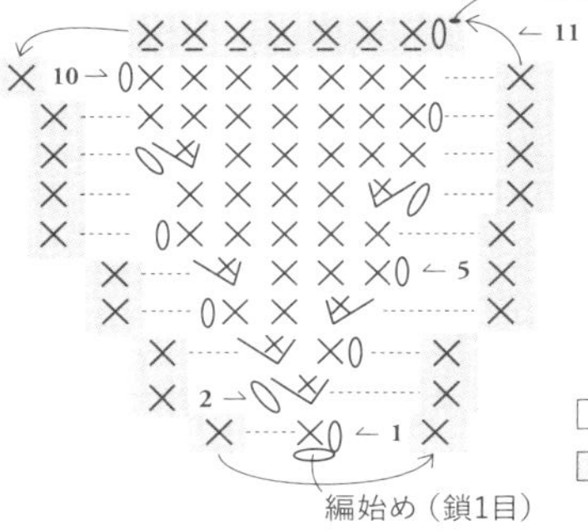

プチケーキの底
B色（各1枚）

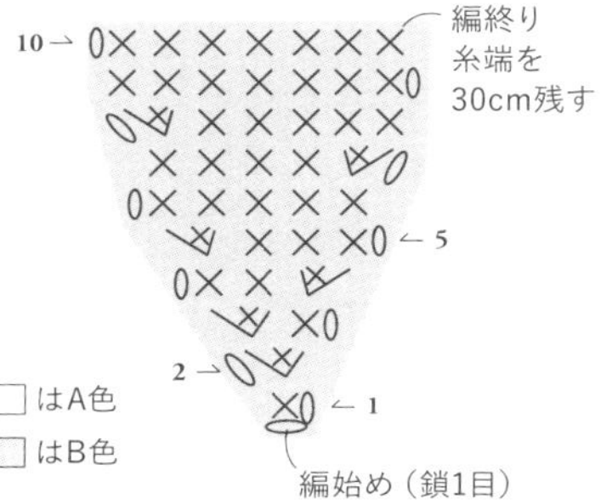

□はA色
■はB色

配色表

	A色	B色
ホワイト	白	ベージュ
チョコレート	ベージュ	こげ茶

プチタルトの仕上げ方

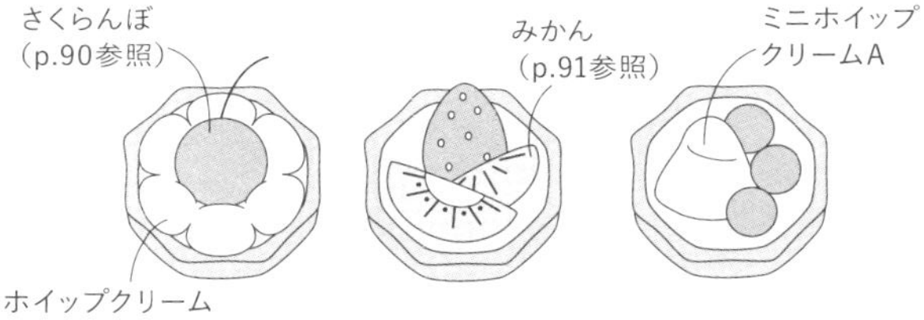

タルト生地にわたを入れ、カスタードクリームの
側面に手芸用ボンドをつけてタルト生地に入れ、
好みのトッピングをする

プチケーキの仕上げ方

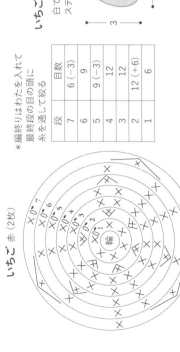

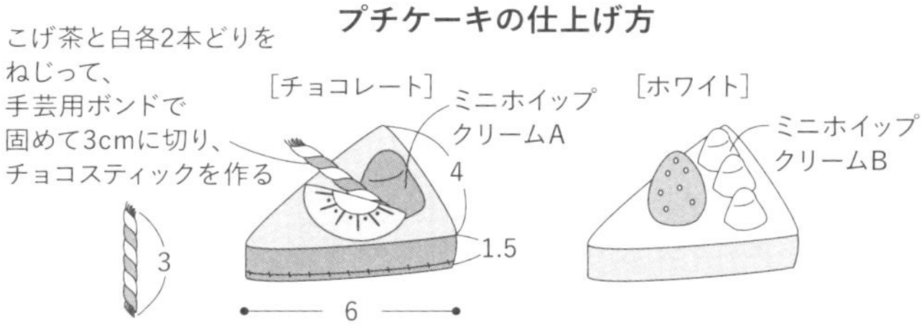

それぞれ土台にわたを入れて、
底と巻きかがりし、トッピングをする

バースデーケーキ
いちごのデコレーションケーキ

写真★p.38,39

★糸（使用量は指定以外は少量）

〔チョコレートスポンジ〕 ハマナカ ラブボニー 白（125）25g、こげ茶（119）22g、赤（133）

〔プレーンスポンジ〕 ハマナカ ラブボニー 白（125）25g、ベージュ（103）22g、赤（133）

〔チョコレートプレート〕 ハマナカ ピッコロ こげ茶（17）、ハマナカ ティノ 白（1）

〔ミニホイップクリーム A〕 ハマナカ ラブボニー 白（125）→ p.93

〔いちご〕 ハマナカ ピッコロ 赤（6）、ハマナカ ティノ 白（1）→ p.93

★用具

〔チョコレートスポンジ、プレーンスポンジ、ミニホイップクリーム A〕 6/0号かぎ針

〔チョコレートプレート、いちご〕 4/0号かぎ針

★その他

〔チョコレートスポンジ、プレーンスポンジ、いちご〕 手芸わた

チョコレートスポンジ・プレーンスポンジの土台（1枚）
チョコレートスポンジ・プレーンスポンジの底 B色（1枚）

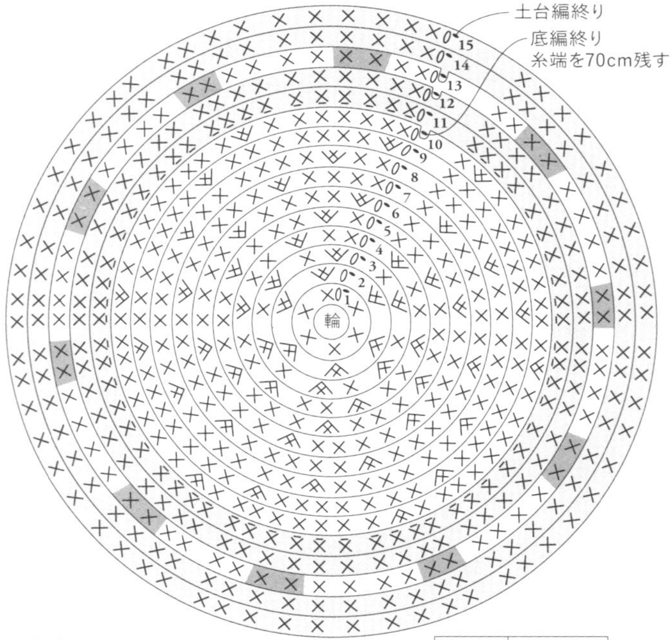

段	目数
14、15	60
13	60（配色）
12	60
11	**60** ←筋編み
10	60（+6）←底編終り
9	54（+6）
8	48（+6）
7	42（+6）
6	36（+6）
5	30（+6）
4	24（+6）
3	18（+6）
2	12（+6）
1	6

仕上げ方

［いちごのデコレーションケーキ］

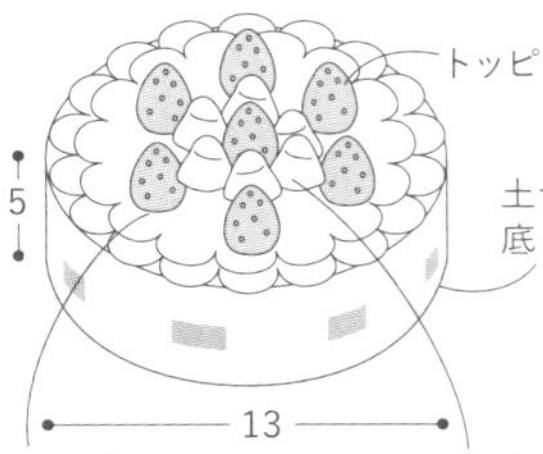

［バースデーケーキ］

配色表

	A色	B色	C色
プレーンスポンジ	白	ベージュ	赤
チョコレートスポンジ	白	こげ茶	赤

土台上部の縁の生クリーム 白（2か所）

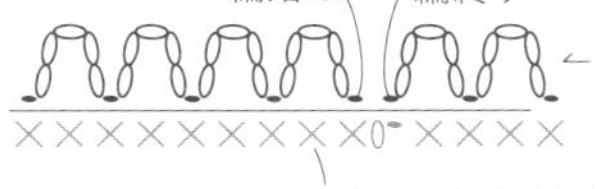

土台の8段めと9段めの細編みの柱から拾う。
鎖と引抜き編みで8段めに24模様、
9段めに27模様の生クリームを編みつける

チョコレートプレート
こげ茶（2枚）

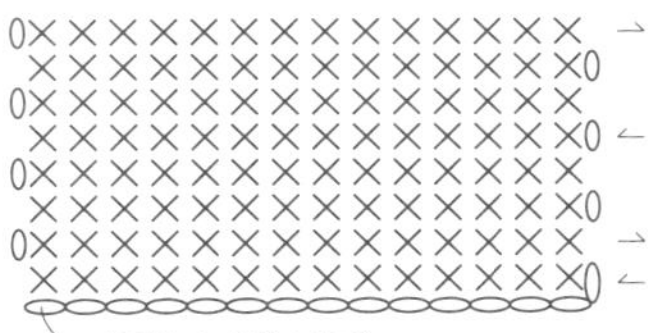

チョコレートプレートの仕上げ方

1枚に文字を白2本どりで
バック・ステッチ（p.49参照）

2枚を合わせて
巻きかがり

かぎ針編みの基礎

作り目

編始めの方法

1
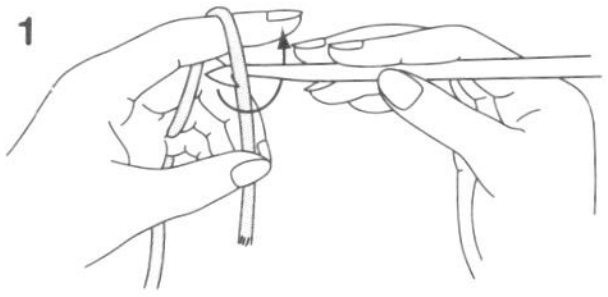
左手にかけた編み糸に
針を内側から入れて糸をねじる

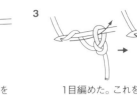

2
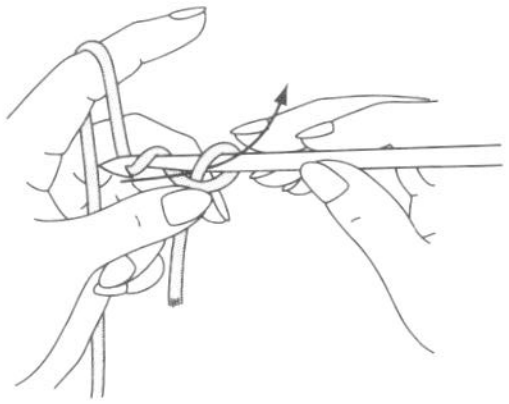
人さし指にかかっている糸を
針にかけて引き出す

3
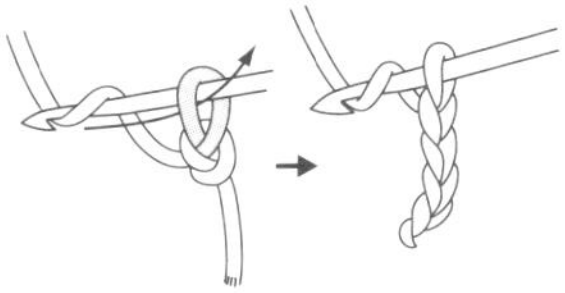
1目編めた。これを繰り返す

鎖目からの平編み

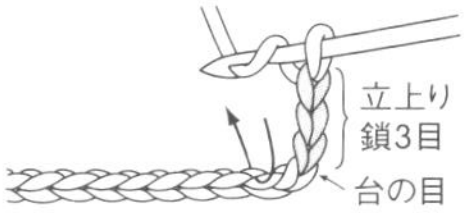

鎖状になっているほうを下に向け、
裏側の山に針を入れる

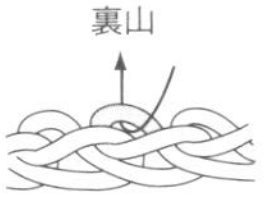

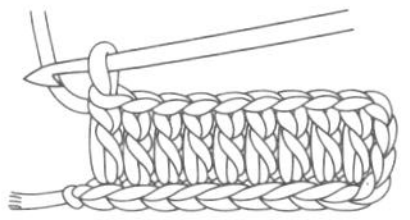
下側に鎖状の目がきれいに並ぶ

2重の輪の作り目

1
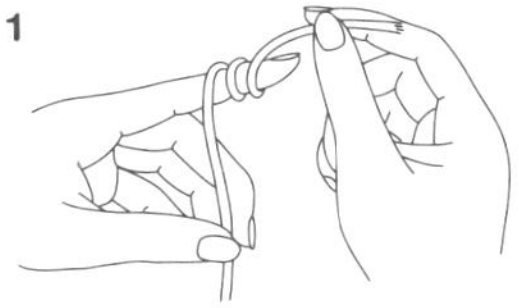
指に2回巻く

2
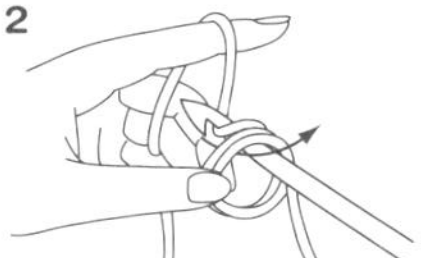
糸端を手前にして輪の中から
糸を引き出す

3
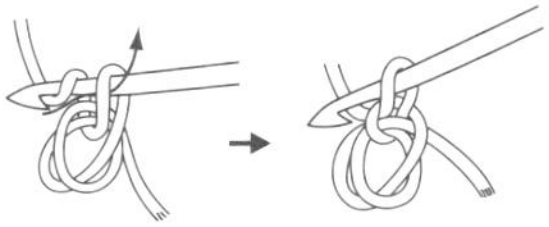
1目編む。この目は
立上りの目の数に入れる

編み目記号

⬭ 鎖編み

いちばん基本になる編み方で、
作り目や立上りなどに使う

1
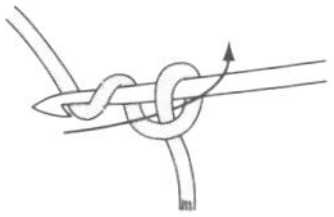
2
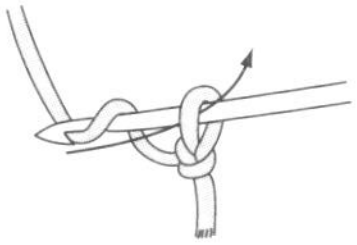
3
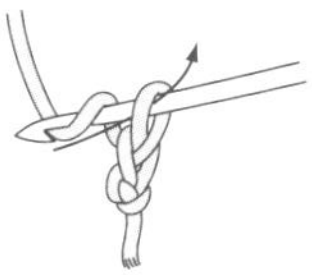
4

✕ 細編み

立上りに鎖1目の高さを持つ編み目。針にかかっている2本のループを一度に引き抜く

1
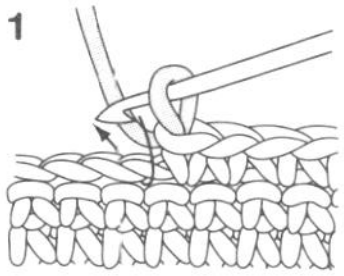
2
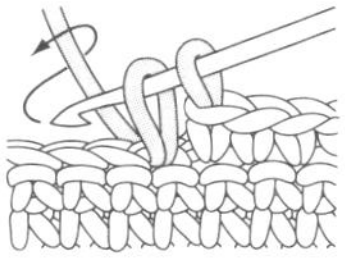
3
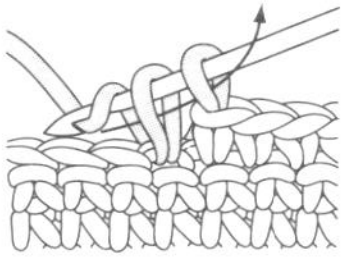
4
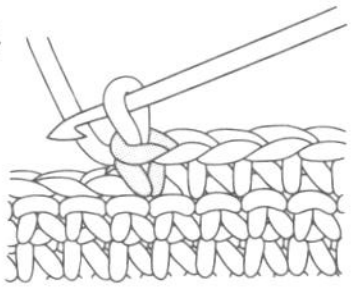

✕ 細編みの筋編み

前段の目の向う側の鎖半目をすくって細編みを編む。残った半目で表側に筋が立つ

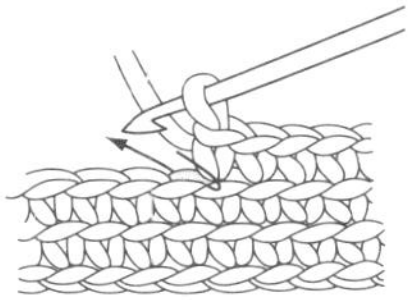
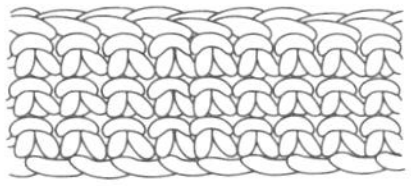

✕ 細編みの変り筋編み

前段の目の手前側の鎖半目をすくって細編みを編む。残った半目で裏側に筋が立つ

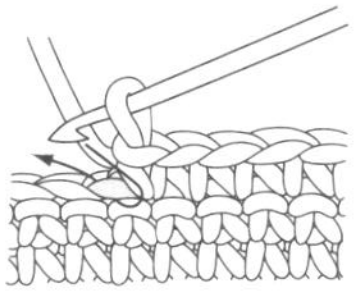

中長編み

立上りに鎖2目の高さを持つ編み目。針にかかっている3本のループを一度に引き抜く

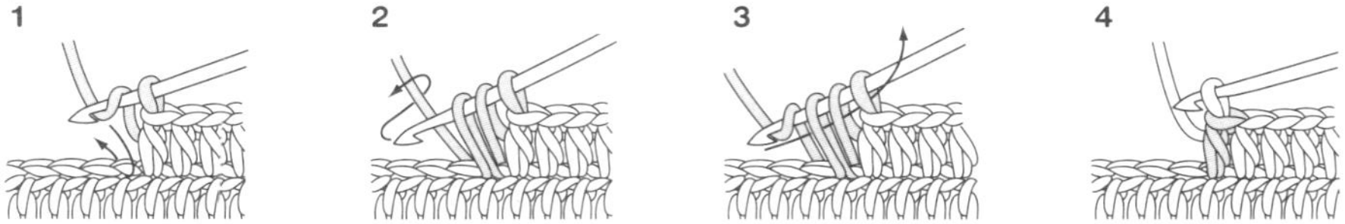

長編み

立上りに鎖3目の高さを持つ編み目。針にかかっているループを2本ずつ2回引き抜く

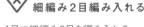

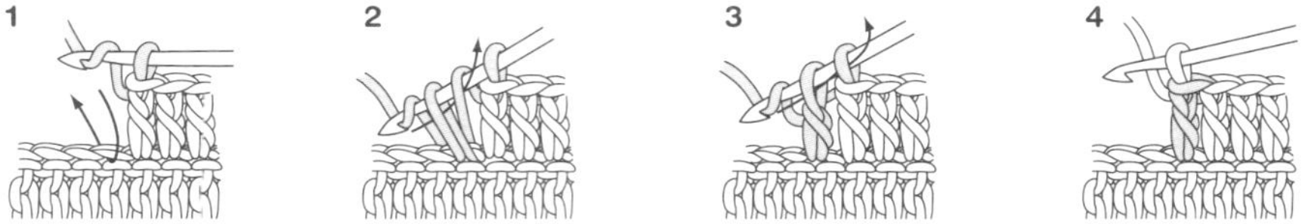

細編み2目編み入れる

1目に細編み2目を編み入れる。1目増す

も同じ要領で3目編み入れる

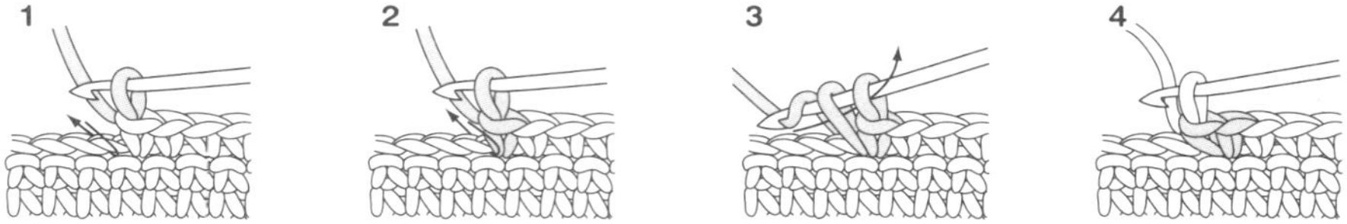

細編み2目一度

前段の目から糸を引き出しただけの未完成の2目を、針に糸をかけて一度に引き抜いて1目減らす

も同じ要領で3目一度に編む

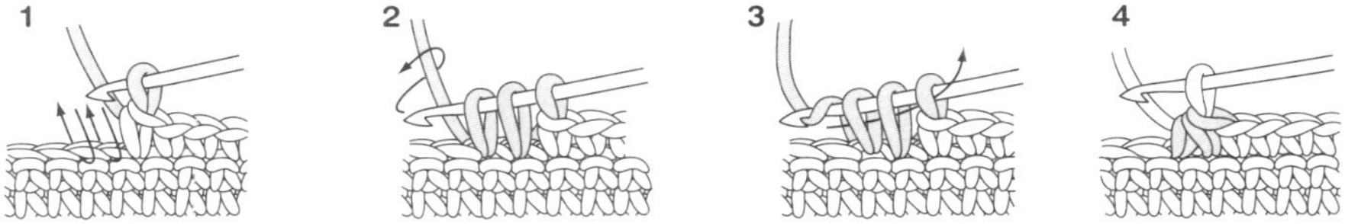

長編み2目編み入れる

1目に長編み2目を編み入れる。1目増す

も同じ要領で中長編みを編む

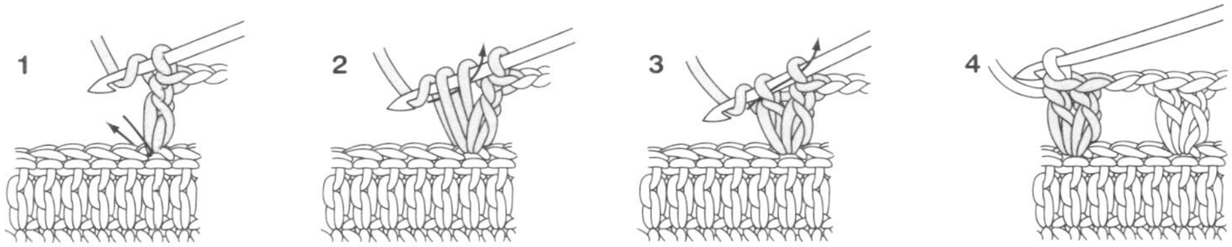

巻きかがり

2枚の編み地を突き合わせそれぞれ最終段の頭の糸を全目の場合は2本、半目の場合内側1本ずつに針を入れてかがる

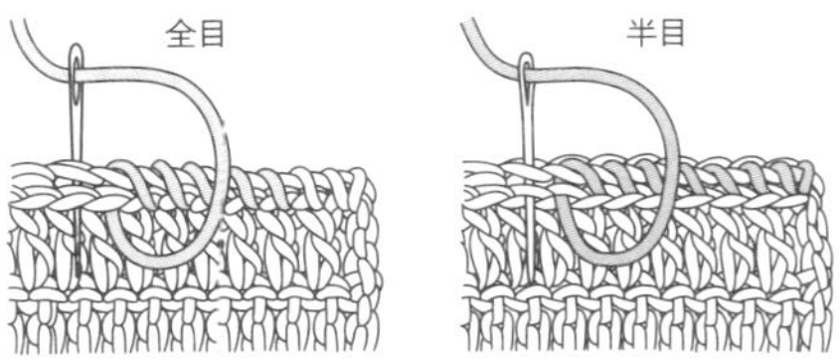

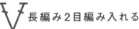

根もとがついている場合

前段の1目にすべての目を編み入れる

根もとがついていない場合

前段が鎖編みのとき、鎖編みごとすくって編む。束（そく）にすくうという